新書

田川建三 ほか
TAGAWA Kenzo, et al.

はじめて読む聖書

582

新潮社

誰がどのように読んできたのか——松家仁之

本書は、季刊誌「考える人」の特集「はじめて読む聖書」(二〇一〇年春号)をもとに、新潮新書編集部が再編集し、一冊にまとめたものだ。当時、「考える人」編集長として、聖書の特集を組んでみたいと考えたのは、聖書が自分にとって長いあいだ、近づきたいのに近づきがたい、特別な「本」だったからだ。

一度はじっくり読んでみたい——そう思っていても、この二千ページにおよぶ長大な書物は、構成も複雑なら、書かれた年代もさまざま、バックグラウンドを知らずに独力で読み進むのはいかにもこころもとない。史上最大の「ベストセラー」とはいうものの、クリスチャンではない自分が手にとってみても、見知らぬ土地に迷いこんだも同然、めざす入口さえ見いだせないままに撤退、とあいなってしまいそうだ。

わたしと同様、そのように感じている読者が多いのではないか。

特集タイトルを「はじめて読む聖書」としたのは、そのような理由によるものだった。とはいえ、「聖書とは何か」という問いでは、設定のかまえがおおきすぎる。そうではなく、「聖書を、誰が、どのように、読んできたのか」を問うのはどうだろう。答えはそれぞれの経験に即することになるから、そこに正解はない。同時に、これほど多くの入口が聖書には用意されている、と示すことにもなるだろう。

さまざまな読み手を通して聖書に近づく。これを特集のゆるやかな枠組とし、何人かの方には直接お目にかかって、お話をうかがうことにした。

これを機にぜひ、とまっさきに思ったのは、かねてから畏怖の念を抱いていた新約聖書学者の田川建三氏である。

田川建三氏の著作は、キリスト教の出発点と真正面から向きあう直球勝負のものばかりだ。新約聖書学の研究成果を踏まえつつ、書物としての聖書の成り立ちをつぶさに明らかにし、二千年前の古文書である新約聖書を分析しながら「時代の反逆者」としてのイエス・キリスト像を生々しく描きだす。副読本の域をはるかに超える詳細をきわめた註釈つきの新約聖書の個人全訳全八冊が、二〇一六年夏の完結に向けて進行中である。

田川氏はときおりべらんめぇ調までとびだす歯に衣着せぬ文章で、脇の甘い研究や聖書翻訳の不適切な部分を遠慮なく批判する、厳しい人である。しかも、神の存在は信じない（正確にいえば、不可知論者）とおっしゃる。そして同時に、まごうかたなきクリスチャンなのだ。孤軍奮闘、という言葉ほど、田川氏の仕事および仕事の姿勢を評するのにふさわしい言葉はないように思われる。

湯川豊氏によるインタビューは五時間におよんだ。おさないころどのようにしてキリスト教と出会い、やがて新約聖書の奥深くにはいりこむことになったのか、学問としての新約聖書学を選んだ先で出会ったさまざまな困難、あるいは大学教員として赴任したザイールでの希有な体験など、時間が経つのを忘れる話がつづいた。田川氏のもつ厳しさの根源に触れた気のするいっぽうで、節目ごとにあらわれる人びとに導かれるようにしかるべき道へと進んでいくことになったのは、厳しさというよりは素直さ、寛容さのなすところだったのではと感じた。運命を受けいれたうえで、ひとはどのように行動すべきか。田川氏の経験とその言葉はおおくの示唆に富んだものだった。

田川氏がインタビューのなかで触れている〝恩師〟大畠清氏のお名前を、もうひとりの語り手から耳にしたのも驚きだった。「大畠先生はなぜ人間に宗教があるのかということを歴史的に問うていた」――カトリックとプロテスタントの新共同訳聖書の翻訳・編集委員を務めた秋吉輝雄氏はそう振りかえりながら、「大畠先生に会わなければ、聖書学をやることもなかったでしょう」と断言する。ひとりの人間をその行く先へと導いたものが、「神」でも「神の言葉」でもなく「ひと」であったということにこころを動かされる。

秋吉氏は旧約聖書の魅力を語るなかで、「人間にとって最も良いのは、飲み食い、自分の労苦によって魂を満足させること」という「コレヘトの言葉」のくだりをあげてくださった。インタビューのあいだ、ワインを口にし、葉巻をくゆらせ、対話を楽しまれる秋吉氏は、魂のつややかさを感じさせる、まさしくダンディーなかただった。

文学と聖書の深い結びつきも、興味のつきないテーマである。

欧米の文学を読んでいると、しばしば聖書の世界が見え隠れする。秋吉輝雄氏との共著『ぼくたちが聖書について知りたかったこと』で、信仰の外にある作家としてさまざまな疑問をぶつけている池澤夏樹氏は、文学のフィールドから聖書を眺めている。

欧米のさまざまな作家にくわえ、父・福永武彦、そして『バビロンに行きて歌え』など自らの小説のタイトルの由来もふくめて具体的にひもときながら、文学を涵養してきた聖書を「すべてのオリジンである広大な倉庫のようなもの」に喩える。クリスチャンでなくても、文学の隣に聖書を置きながら参照し読むことのよろこび。「イエス・キリストというのはたいへん優れたスピーチライターであり、コピーライターですから、名言がたくさんある」――信仰のない者にとっては、どこからでも「つまみ読み」が許される一冊の書物である、という池澤氏の言葉を聞けば、そびえ立つ高山のように見あげ、登攀《とうはん》をためらっていた気持ちがゆるやかにほどけてゆくではないか。

第二次世界大戦下のホロコーストによって六百万人の同胞を殺されたユダヤ人哲学者エマニュエル・レヴィナスの著作を、内田樹氏は二十代の終わりから読みはじめ、旧約聖書を聖典解釈学のなかに置き、聖典を読むことは師弟関係を結んだ師との一対一の対話によってのみ可能になる、とレヴィナスから学んだ。ユダヤ教ではなぜ儀礼が重んじられるのか、ユダヤ教はじつは無神論に近い、といった核心にも触れながら、いわば身体的に聖典を読むこと、解釈することの本質、について語ってくださっている。

吉本隆明氏の「マチウ書試論」は、思想家としての初期の重要な著作である。吉本氏がマタイ伝を読んだのは、日本が戦争に負け、それまで信じていたものが無効になったときだった。「ペシャンコになった自分に音を立ててぶつかってくるような言葉が、つぎつぎに現れる」ものとして「自分がなぎ倒されるように読んだ」。レヴィナスにせよ、吉本隆明氏にせよ、戦争をくぐりぬけ、生き残った者として、いわば耐え難い現実と向きあうための言葉を探り、思想の足場として踏みだしてゆく拠点となったのが聖書であったことは、聖書が二千年になんなんとする時を生きのびてきた理由の一端を見せてくれている、と言えないだろうか。

しかし、もしマルクスのいうように宗教が民衆の阿片であるならば、橋本治氏へのインタビューで語られるこの言葉は、つよい解毒作用をもつだろう。「聖書はちゃんと読んだことがないんです。読もうとしていつも挫折する（笑）。その理由は、命令されることに疲れるからだと思う。聖書って基本的に命令の言葉で綴られているじゃないですか」。

マルクス、フロイト、アインシュタインという三人のユダヤ人のあり方と聖書の関係、すなわちヨーロッパの物の考え方と聖書の関係を解きながら、日本のやおよろずの神について考える。「ユダヤ教のタルムードもそうだけれど、宗教というのは心だけに対応するものじゃなくて、人の暮らしのあり方全体に対応するものだ」という橋本氏の指摘は、内田氏へのインタビューとも響きあう宗教論として、読むものを立ち止まらせる力を持つ。

たったいまのわたしたちの日常的実感は、宗教的なものからはるかに遠ざかって生きている、というものではないか。しかし、ほんとうにそうだろうか。

近年、つぎつぎと出版され、読者の数を増やしているのは、「このようにすれば、こうできます」という自己啓発本である。八〇年代前半のアメリカで「セルフヘルプ」本、すなわち自己啓発本が大流行となっていることを知った当時、どこまで本気なのかと奇異な印象を持った。しかし気がつけば九〇年代後半あたりから、日本の書店にも自己啓発本の波が押し寄せ、それは増えてゆくばかりに見える。

非宗教的に生きていると思いながら、「基本的に命令の言葉で綴られている」自己啓発本をいわば宗教の代用品として無意識に求めている、ということはないだろうか。だとすれば、宗教に似て非なる、お手軽な「命令」を読み、やがてあとかたもなく忘れてしまうよりは、二千年ものあいだ生きながらえ、くりかえし読まれてきた言葉がならぶ聖書を、時間をかけじっくり読んでみたい。あらためてそう思う。

山形孝夫氏による聖書の概説、山我哲雄氏による聖書学案内、山本貴光氏によるブックガイドは、聖書のなりたちにさかのぼり、長年にわたる人々のとりくみをたどったうえで、そこからはじまるあらたな本の旅への信頼に足る手がかり、羅針盤になってくれることだろう。
秋吉輝雄氏、吉本隆明氏は、本書のインタビューから時をおかずして逝去された。このようなお話をうかがうことができたことに深く感謝する。

松家仁之（まついえ・まさし）
一九五八年東京生まれ。早稲田大学第一文学部卒業後、新潮社入社。二〇〇二年、季刊誌「考える人」創刊。二〇一〇年まで編集長を務める。退職後、二〇一二年、長篇小説『火山のふもとで』を発表。同作により読売文学賞受賞。著書に『沈むフランシス』、編著に『美しい子ども』ほか。最新作は小説『優雅なのかどうか、わからない』。

はじめて読む聖書　目次

Ⅰ　聖書ってどんな本？

山形孝夫　やまがた・たかお

宗教人類学者、宮城学院女子大学名誉教授。一九三二年、宮城県仙台生まれ。東北大学文学部卒業。同大学院博士課程満期退学。宮城学院女子大学教授、同大学キリスト教文化研究所所長、同大学学長をつとめた。著書に『聖書物語』『聖書小事典』『聖書の起源』『砂漠の修道院』『死者と生者のラスト・サパー』、近刊に『黒い海の記憶』、訳書に『マグダラのマリアによる福音書』『『ユダ福音書』の謎を解く』など。

聖書は、旧約聖書と新約聖書から成っています。旧約聖書は古代イスラエル民族に伝わる作者不詳の口承文学が成文化されたものであり、古くからユダヤ教の聖典として読まれてきました。一方、新約聖書は、イエスを救い主とみなす福音書や、最初期の信徒であるパウロの書簡を中心に、紀元二世紀末頃に正典化の試みが開始され、キリスト教の成立にともなって、四世紀末に聖典として結集されました。

ちなみに「旧約」というのは、あくまでキリスト教側からの呼び方です。救い主イエス・キリストの到来こそが、神との「新しい約束」の実現だと考えるキリスト教徒は、自らの聖典を「新約」聖書と呼び、ユダヤ教徒の聖典を、「旧約」聖書、すなわち神との「旧い約束」の書と呼んだのです。

では、あわせて二千ページ近いこの長大な書物には、それぞれどんな文書が収められているのでしょう。（編集部記）

①聖書には何が書かれているのか

旧約聖書のなりたち

旧約聖書には、三十九の文書が収録されている。正典としての成立年代は、前七世紀前半から後一世紀の末。およそ七百年の長年月をかけて、いまの形に編集され、ユダヤ教の正典として確立された。この正典をキリスト教もイスラム教も信仰の拠りどころとして継承している。

ユダヤの伝統的正典区分法によれば、ヘブライ語正典は、「律法」(トーラー)、「預言者」(ネビーム)、「諸書」(ケトゥビーム)の三つに分けられる。

このなかで中心となるのが、天地創造からモーセの死までを扱った「モーセ五書」と呼ばれる文書。旧約聖書の冒頭におかれた「創世記」「出エジプト記」「レビ記」「民数記」「申命記」がそれである。「モーセ五書」と呼ばれてきたのは、モーセが作者であるという伝承によるが、成立年代がさまざまであることから、その可能性はきわめて低い。

ちなみに「創世記」の成立年代は、前九六五〜四五〇年ごろとされている。「預言者」は大きく「前預言者」と「後預言者」に分けられる。「前預言者」は、モーセの死から、後継者ヨシュアによるカナン征服、王国の成立そして滅亡までを記録した歴史書。そのうち「列王記」は、読んで字のごとく、統一王国分裂後の南北の王たちの滅亡までの記録。それにつづく「歴代誌上・下」は、エルサレム神殿礼拝を中心とした日々の出来事の年代記。「エズラ記」「ネヘミヤ記」は、神殿礼拝復興の記録である。「後預言者」は、イスラエル史に登場する三人の大預言者をはじめ、十二人の小預言者の活動の記録。統一王国の分裂から滅亡、そしてバビロン捕囚というイスラエル史の混迷の真っ只中に登場し、苦難の生を生きた預言者の記録である。

「諸書」とよばれる七つの文書は、古代イスラエルの文学とみなすことができる。たとえば、「ヨブ記」は、ふりかかる苦難に立ち向かうヨブの試練の物語。「詩篇」は神を賛美する詩。「箴言《しんげん》」は、人の心を刺す諺や格言集。「雅歌」は男女の恋愛と女性美を謳いあげる詩で、聖書中では異色の文学作品だ。

旧約聖書の原典には、ヘブライ語聖書、ギリシャ語聖書、それにサマリタン版聖書の三種類がある。原テキストはいずれも失われ、写本しか残っていない。もっとも古い写

区分		該当文書	内容
律法（トーラー）	モーセ五書	創世記1―11	天地創造と人類の堕落 （アダム、カイン、ノア、バベルの塔）
		創世記12―50	族長物語 （アブラハム、イサク、ヤコブ、ヨセフ）
		出エジプト記1―19	モーセと出エジプト
		出エジプト記20―40	出エジプトの恵みにもとづく契約と律法
		レビ記	守られるべき礼拝儀式の細目
		民数記	荒野のさすらい （シナイからモアブの平野まで）の記録
		申命記	モーセの説教と死
預言者（ネビーム）	前預言者		〈五書のつづきの歴史〉
		ヨシュア記	イスラエルのカナン（パレスチナ）侵入と征服
		士師記、ルツ記	❶王制以前（部族連合時代）
		サムエル記（上・下）	❷王国の成立（サウルとダヴィデ）
		列王記（上・下）	❸王国の分裂と崩壊（バビロン捕囚まで）、 預言者エリヤの記録
			〈年代記的歴史〉
		歴代誌上	アダムからダヴィデまでの系図 （歴代誌上1―9） ダヴィデの事蹟
		歴代誌下	ソロモンの事業（歴代誌下1―9）と ユダ王国の歴史
		エズラ記	捕囚からの帰国と神殿建設、 そしてエズラの帰国
		ネヘミヤ記	ネヘミヤの帰国と信仰復活
		エステル記	ペルシャ時代のユダヤ人 （プリム祭の由来話）
	後預言者	イザヤ書、エレミヤ書、 エゼキエル書	〈三大預言者〉南王国ユダの預言者
		ホセア書―マラキ書	〈十二小預言書〉ホセア書、ヨエル書、 アモス書、オバデヤ書、ヨナ書、ミカ書、 ナホム書、ハバクク書、ゼパニヤ書、 ハガイ書、ゼカリヤ書、マラキ書
諸書（ケトゥビーム）		ヨブ記	ヨブと神との対話―苦難の意味
		詩篇	古代イスラエルの賛美と嘆きの歌集
		箴言	古代イスラエルの格言集
		コヘレトの言葉	懐疑家の語録
		雅歌	愛と女性美の描写
		哀歌	エルサレム陥落後の悲惨
		ダニエル書	ダニエルを主人公とする黙示物語

旧約聖書内容一覧

本は、前五〜四世紀のもの。ギリシャ語聖書は、前三世紀にエジプトのプトレマイオス二世の命によってギリシャ語に翻訳されたもので、「七十人訳聖書」と呼ばれている。サマリタン版聖書は、前二〜一世紀に成立した聖書で、サマリヤ人と呼ばれるユダヤ教のグループによって伝えられた。

なお、カトリック教会の正典のラテン語訳聖書（ウルガータと呼ばれる）は、三八二年から四〇五年にかけて、ヘブライ語、ギリシャ語の原テキストから翻訳された。

新約聖書のなりたち

新約聖書は、二十七の文書からなっている。イエスの生涯を綴った「マタイ」「マルコ」「ルカ」「ヨハネ」の四つの福音書、初期キリスト教の布教記録である「使徒行伝」、「パウロ書簡」「公同書簡」と呼ばれる多くの手紙、最後に「ヨハネの黙示録」がおかれている。

成立年代順に言うと、紀元五〇年代、ローマ帝国の諸地方で執筆されたパウロの手紙がもっとも早い。次いで七〇〜九〇年代初頭に執筆された四つの福音書と「使徒行伝」。やや遅れて、「公同書簡」と「ヨハネ黙示録」がつづく。

正典としての成立年代は、紀元三九三年。北アフリカのヒッポで開かれた教会会議において、初めて二十七巻の文書が正典として確認された。

まず福音書を見てみよう。イエスの生涯を綴った四つの福音書は、作者も執筆年代も、書かれた場所もそれぞれ異なる。「マルコ」がもっとも早く、紀元七〇年にはまとまった物語文学の様式をとっていた。「マタイ」と「ルカ」は、「マルコ」の物語様式にならい、それぞれ「マルコ」の一部を援用しながら、独自の資料にもとづいて書かれている。これら三つの福音書には重複する記述も多く、総称して「共観福音書」と呼ばれる。一方「ヨハネ」は、旧約聖書に対する見方や、救い主イエスの表現において、他の福音書とは大きく異なった独自の文書となっている。

「使徒行伝」はイエス死後の教会と信者たちの活動の記述からなる。とりわけ、回心後のパウロの地中海世界における布教活動を生き生きと描きだした部分は、「パウロ書簡」とともにキリスト教成立の最初期の歴史を伝える貴重な記録である。

「パウロ書簡」として一括される十三通の手紙の中には、パウロの真筆とされる七通の手紙（ローマ人、コリント人1・2、ガラテヤ人、フィリピ人、テサロニケ人1、フィレモンへの手紙）のほかに、パウロの名を用いた六通の手紙が混在している。パウロの手紙は、かなり早い時期から地方の教会の間で回覧され、しばしば礼拝のときに朗誦されたことが知られている。パウロの手紙は信徒の手によって書き写され、布教のために用いられていたと推定される。

「公同書簡」と呼ばれるパウロの手紙以外の七通の手紙（ヤコブ、ペトロ1・2、ヨハネ1・2・3、ユダの手紙）は、全キリスト教会にあてたものとされるが、実際にはヨハネの手紙のように、特定の教会に送られた可能性が高い。パウロの影響が次第に大きくなりつつあった時期に、それに対する批判として執筆されたともみられる。

「黙示録」の筆者ヨハネは、福音書のヨハネとも、書簡のヨハネとも異なる人物である。彼は教会宛ての手紙の形式で、間近に迫ったこの世への神の審判について語りながら、実は教会を迫害するローマ帝国支配にたいし批判の刃を向けている。執筆年代は、ドミティアヌス帝によるキリスト教徒弾圧時の九〇年代半ば以降と推定される。

　新約聖書の二十七の文書は、すべてギリシャ語で書かれている。原本は失われ、パピルスと羊皮紙《ようひし》の写本（コデックス）しか残されていない。しかも最初期のパピルスは小断片にすぎず、四世紀から五世紀の羊皮紙の大文字写本だけが頼りである。これらをもとに、原文を復元する作業が行われてきた。代表的な写本には、ヴァチカン写本、シナイ写本（以上四世紀）、アレクサンドリア写本、エフラエム写本（以上五世紀）がある。

②日本語訳聖書のはじまり

日本最古の聖書訳

ハジマリニ　カシコイモノゴザル。
コノカシコイモノ　ゴクラクトモニゴザル。
コノカシコイモノワゴクラク。

有名な、現存するわが国最古の日本語訳聖書『ヨハネ福音書』の冒頭の一節である。原本は、カナ書き・木版刷りの和綴じ本。一八三七年（天保八年）、シンガポールで印刷され、刊行されたギュツラフ訳『約翰福音之傳』（『ヨハネ福音書』）である。訳者のカール・ギュツラフ（一八〇三〜一八五一）は、プロテスタントのドイツ人宣教師。協力者として、尾張国の漂流民音吉、岩吉、久吉の名が知られている。

先日、この機会にと、『覆刻ギュツラフ訳聖書』（新教出版社、二〇〇〇年）を読み始めたのだが、もともとなじみの薄いカナ書きの文章である。一読しただけでは分かるはずもない。二度、三度と読み返す。まだ分からない。それで声に出して読んだ。それを何度か繰り返した。すると、不意に、冒頭の一節から不思議な何者かが立ち現われてくる予感がした。

うまく説明できないが、能狂言の科白《せりふ》のような独特の文体、まるで演劇の「語り」を思わせるコトバをとおして、何者かが沈黙したまま立ち現われてくるといった感覚だった。すでに夜は更けていた。私は、眠りの海に溺れそうになりながら、「カシコイモノ」が単なる賢者や知者などではなく、疑問をさしはさむ余地など全くない断定的な仕方で、この世を超えた悠久の時間に住み続ける者であることを感じていた。

翌朝、改めて、その不思議な韻律について考えた。不思議なことにこれまで一度だって、現行の日本語訳聖書から、そのような触発を受けたことなどなかったのだ。

初めに言《ことば》があった。言《ことば》は神と共にあった。言《ことば》は神であった。（新共同訳、昭和六二年・一九八七年）

主語は、言《ことば》。動詞は「ある」の過去形の「あった」。名訳の誉れ高い大正訳の文語体の聖書を取りだして比較してみたが、やはり同じである。

太初《はじめ》に言《ことば》あり、言《ことば》は神と偕《とも》にあり、言《ことば》は神なりき。（大正訳、大正六年・一九一七年）

現行「新共同訳」は、この大正訳の文語体を、そのまま口語体に置き換えたに過ぎなかったことが分かる。念のため、英・独訳聖書をひいてみた。

In the beginning was the Word, and the Word was with God, and the Word was God.（欽定訳）

Im Anfang war das Wort, und das Wort war bei Gott, und Gott war das Wort.（ルター訳）

英・独訳聖書の間には、ほとんど言葉の揺れすら存在しない。ルター訳の主語の位置が転倒している点を除けば、動詞が過去形で統一されている点は全く動かない。そして日本語版口語訳聖書がそれをモデルとしていることがはっきり見えてくる。そこで確認のため、漢訳聖書を開いてみた。

　太初有道、道與神同在、道就是神。（香港聖経公会、一九五九年）

「言《ことば》」が「道」と言い換えられているだけではない。問題は動詞の「有」。動詞の「有」は中国語特有の無時制の形。ちなみに、ヘブライ語も無時制言語であるのだが、単なる過去時制の英・独訳との違いはきわめて大きい。限りなく「現在形」に近い、というよりも現在を含む過去なのである。

　ここまでくると、あとはギリシャ語の聖書原典に当たるほかない。ちなみに最も標準的とされるネストレ校訂本（第二十四版）ギリシャ語テキストを開いてみる。

　主語はλογος（ロゴス）。これをいかに訳すかが問題だが、もう一つ厄介なのはbe動詞のἦν（エーン）である。これはギリシャ語のbe動詞εἰμί（エイミ）の三人称単数の過去形であるが、英・独語の単純過去とは大きく違う。ギリシャ語独特のインパーフェクトと名づけられる未完了過去時制なのだ。それは、ある動作・状態が過去において継続、反復または開始されながら、現在に継続する独特の時制なのだ。

ギリシャ語の時制に合わせて、丁寧に日本語訳を試みると「はじめにロゴスが存在していた」となり、暗に、それは今も現に存在し続けていることを彷彿とさせる訳し方でなければならない。ここまでくると、はじめてギュツラフ訳日本語の苦心が、be動詞の単純過去ではなく「ゴザル」の持つ不思議な語感と韻律にあったことに気づく。

では「ゴザル」とは、どのようなコトバであったか。『日本文法大辞典』(明治書院、一九七一年)の「ござる・御座る」の項を引いてみた。もともとの意味は、あらかた失なわれてしまっているが、本来は、あらゆる言い方でもっとも高い敬意を表す、室町時代に遡る「be動詞」であるという。しかも時制は単純過去形ではなく、現在に続く未完了時制を思わせる独特の響きがある。

そのことがわかると、「カシコイモノゴザル」から立ち現われてくる不思議な存在の予感が、決して的外れのものではなかったことが、納得させられる感じがした。コトバは状況の変化によって磨滅するものだ。「ゴザル」も、激しい時代の流れの中で、大きく磨滅し、変化しながら生き続け、尾張の国の漂流民の記憶をとおして、現在の読者に届いたのだと思った。

標準語訳によって失ったもの

一方、ギュツラフの「カシコイモノ」が、その後どのような波紋となってひろまったか。この訳語に対応するギリシャ語が、「ロゴス」であることはすでに触れた。ギュツラフにつづくヘボン訳（一八七二年）は、「元始《はじめ》に言霊《ことだま》あり、言霊は神とともにあり……」というように、「ロゴス」を「言霊」に置き換えている。

「言葉」という訳語が思い浮かばなかったわけではないだろう。だが、「言葉」には「ロゴス」に含まれる「霊威」が致命的に欠けている。逆に「霊威」が強調されると、「鬼神」とか「精霊」といった別の意味が加わる。結局迷ったあげく「言霊」に落ち着いたと推定される。これも苦心の訳ではある（秋山憲兄「カール・ギュツラフ略伝と日本語聖書」二〇〇〇年参照）。

明治の翻訳委員会の文語訳『新約全書』（一八八〇年）では、「ロゴス」は、「道」に置き換えられ、なぜか「ことば」というルビがふられていた。思うに、漢訳聖書「太初有道」にひきよせられていたのであろう。大正改訳聖書において、はじめて「言《ことば》」という訳語が採用され、それが昭和の口語訳聖書（一九五四年）に引き継がれ、そのまま現在の新共同訳（一九八七年）にまで続いている。ギュツラフの造語による「カシコイモノ」も、最高の敬語であり、微妙な時制を表現する「ゴザル」も、その命はあまりにも短かった。

なぜ、棄てられてしまったのか。大正改訳委員会が、キング・ジェームズ欽定訳（一六一一年）およびルター訳（一五三一年版）に忠実に依拠する必要を認識し、厳格にそれに従った結果である。

このとき、「ロゴス」の訳語は、「the Word」にならって「言《ことば》」として確定され、「ゴザル」に代わって三人称単純過去の be 動詞「あった」が採用された。だが、背景には、標準語による聖書の翻訳という視点がひときわ強く働いていたと推定される。これを境にコトバの均質化が、聖書の世界に侵入したのだ。いわゆる「魂の韻律」（岸田國士《くにお》）の喪失である。そして、それが今日における聖書のコトバのその後の運命を左右することとなった。

Ⅱ　読み終えることのない本

池澤夏樹　いけざわ・なつき

詩人、小説家、翻訳家。一九四五年、北海道帯広生まれ。埼玉大学理工学部物理学科中退。おもな小説作品に『スティル・ライフ』『マシアス・ギリの失脚』『静かな大地』『きみのためのバラ』『カデナ』『双頭の船』など。聖書については『ぼくたちが聖書について知りたかったこと』(秋吉輝雄との共著)がある。近刊に『アトミック・ボックス』。

聖書とは？

聖書というのは、最初は誰でも取りつく島がない感じがしますよね。たとえば『イーリアス』であれば、トロイ戦争でギリシャ勢がトロイを攻囲した十年間の最後の数十日を詳細に語るものだとか、『古事記』であれば、帝紀と神話・歌謡をヤマト王権の権威を高めるべく結集して編集したもの、などと要約できる。でも聖書はあまりに雑多な寄せ集めで、大きすぎて要約ができないんです。旧約聖書は世界の始まりから、神話的な時代を経て人間的な時代への歴史、それに詩集や名言集、叡智の哲学、預言文学などもあって、むしろ「古代ユダヤ文学全集」といったほうが近い。

新約聖書のほうは、イエス・キリストという一人の人物の伝記である福音書が四つ、マタイ、マルコ、ルカ、ヨハネの順で、たがいに重複しながら収められている。さらに初期のキリスト教布教の途中で各地の教会や信徒あてに出された手紙がたくさん入っていて、おまけに黙示録なんていう不思議なものまでついている。こちらも内容が雑多で、相互の関係がわかりにくくて、構成を頭に入れるだけで最初はたいへんなんです。

高校生のころ、教会にいっている同級生からちょっと話を聞いて、福音書から読み始めたなんていう人がけっこういるんじゃないですか。聖書というのは信仰がない者にとっては一冊の書物であって、客観的に読んで、面白いと思っても、わけがわからないと思ってもいい。あるいは自分のノートブックに抜き書きして、人生の指針にしてもいい。イエス・キリストというのはたいへん優れたスピーチライターであり、コピーライターですから、名言がたくさんある。また、イエスという一人の男の波乱に満ちた悲劇的な生涯を、伝記を読むようにたどることもできる。たとえばミュージカルの「ジーザス・クライスト・スーパースター」に要約されるような、ひとつの人生の記録として読んでもいい。

しかし信仰のある人にとってはぜんぜんちがう。彼らにとって聖書の一字一句がどれほどの意味をもつか、僕らには計り知れないものがある。あるいは計ってはいけないものではないかと思う。だから信者たちが聖書は無謬であると信じているのを承知で、理詰めであげ足をとるようなことはしないほうがいい（とは言うものの、進化論を否定されるとこちらも困るんですけれどもね）。

僕自身はキリスト教の信仰をもったことがないから、古代に生きた一人の優秀な実践的宗教者、ユダヤ教への深い知識と理解をもった説教者、そしてひとつの新しい信仰を結果的につくってしまった偉大な人物の伝記として読むことになりますね。

去年（二〇〇九年）の秋、聖書学者の秋吉輝雄──父のいとこで、年齢的にも僕の兄代わりのような人ですが──といっしょに『ぼくたちが聖書について知りたかったこと』という本を出しました。僕が秋吉さんに聖書について教えを乞うた本です。そこで秋吉さんが繰り返し言ったのは、旧約聖書の時代のユダヤの世界観では、すべてが未決定という時間論のなかで推移していたということ。だから、いろいろな文書が積み重なっていったとき、いくら矛盾があってもかまわない。無矛盾性にこだわるというのは、ギリシャ哲学の姿勢なんですね。ユダヤ教の時間では、起こったことは全部、起こったことであると同時に起こりつつあることなんだそうです。だから時間の地平において今につながっている。

古典ヘブライ語という時制のない言葉で書かれたユダヤ教の聖典、つまりキリスト教でいう旧約聖書が、紀元前三〜二世紀にギリシャ語という時制のある言葉に翻訳されたとき、その意味するところがずいぶん変わってしまった。事象が過去から未来へという時間の軸の上に配置されることになった。

参照する、引用する

では実際に僕が聖書をどう読んできたかというと、早い話がそのときどき参照的に読んだばかり。福音書は通読したけれど、マルコとマタイの細部がどう違うかというふうに分析的に読んだりはしていない。ただ、繰り返しによって深まっていくものがあるから、マタイ、マルコ、ルカの共観福音書三つは何度も読む。ヨハネによる福音書はちょっと違うから、その違いを気にしながら読む。そういう程度の読み方ですね。

旧約でいうと、創世記を読む、出エジプト記を読む、それからレビ記、民数記、申命記までの「モーセ五書」くらいはたぶん読んで、その先の詳細なユダヤ史はおもしろいんだろうなと思いながらあまり読まずに、詩篇、伝道の書（コヘレトの言葉）、それから雅歌に行く。つまり文学的なところをつまみ食いするわけね。それはなぜかといえば、しょっちゅう引用されるからです。

聖書というのはほんとに文学全集のようなもので、通読するのではなく、小説などに出てくるたびにちょっと覗いてみる、という読まれかたをする。信仰なき知識人であれば、日本だけじゃなくて欧米でさえそうだと思う。聖書を典拠としてきたのは文学だけではないでしょう。バッハのカンタータ「目覚めよ、とわれらに呼ばわる物見らの声」といえば出典はマタイ伝25章の十人の乙女の話だとか、ゴーギャンの「ヤコブと天使の戦い」は創世記の32章だとか、実にたくさんのものが聖書につながっている。

古代の小さな部族の信仰をめぐる文章が、これだけの量、まとまっていまに伝わっているのは奇跡ですよ。いまイタリア人が「おれはローマ人だ」と言ったって笑ってしまうだけだし、万世一系なんていう日本だってせいぜい千五百年でしょう。ユダヤ人の場合は、小さな部族が蹂躙されて散り散りになり、古代からずっとディアスポラ（離散したユダヤ人）でなかった時期はないくらいなのに、にもかかわらず現在まで、「ユダヤ人」という意識を保っている。

その元にはユダヤ教の信仰があって、聖典、つまりキリスト教徒が旧約聖書と呼ぶ大きな本が束ねの力になっている。そのあたりがやはりおもしろい。あるいは、旧約の妬みの神が新約の愛の神にどうして変わったか、なんていうことにも関心が向く。すると神学をちょっとのぞいてみることになるわけです（神学については佐藤優さんの『神学部とは何か』という本がとてもいいですね）。さまざまな関心の入口、それが信仰なきものにとっての聖書だと思う。

あとはエピソードをどれだけ知っているかですね。知っていれば、さまざまな文脈のなかでどう使われているかがわかって面白い。ヨセフの事跡についての僕の知識は、たぶん聖書以上に、新潮社から全六冊で出ていた、トーマス・マンの『ヨゼフとその兄弟たち』に依っていると思う。

あるいは『クォ・ヴァディス』を読むという手もある。ローマに布教に行ったペトロが、あまりに迫害がひどく、ついに絶望してローマからすごすご出ていく。アッピア街道をずっと南に歩いていくと、向こうから誰か来る。どこかで見た人だと思ったら、それがキリストなんです。びっくりして、「Quo vadis, Domine?　主よ、いずこへ行きたまう」と聞くと、「おまえがローマを見捨てたから、私はローマへ行ってもういっぺん十字架にかかろう」と言う。ペトロはそれでハッとして、ローマへもどったという伝説がある。作者はそれを踏まえたうえで、ローマの若き貴族と、クリスチャンの清純な乙女の恋物語を展開する。そこにペトロニウスが出てきたりネロが出てきたりして、よくできたメロドラマですよ。

文学のなかのパラフレーズやリライト、引用や隠喩などで使われてきた聖書の言葉のおぼろな体系が僕のなかにはある。そうした断片的な知識の背後にすべてのオリジンである広大な倉庫のようなものがあるのだけれど、そこにいって全部見ようとはせずに、とりあえずは破片だけで満足している。だからぼくの聖書の知識はとてもばらばらです。そういう、ある意味ではフラクタルな本なんですね。断片化されて、細部が全体をなぞっているようなところがある。

たまには、断片をちょっと気取って自分でも使ってみたりもする。たとえば、詩篇137の「バビロンの河のほとりに」の「われら外邦《とつくに》にありていかでヱホバの歌をうたはんや」に目をつける。あれは強烈な恨みの言葉で、バビロン捕囚のときに連れていかれた人々が、「ユダヤから来たというなら、おまえらの歌でも歌ってみな。聞いてやるから」とからかわれて、「異国バビロンにいて、どうしてエホバの歌が歌えようか」と反発する。そのあとには、「彼らがやったように彼らの赤ん坊を岩に叩きつけて殺してやりたい」という言葉が出てくる。

僕はそれを読んで、異人種、異文化、異なる宗教の者たちが出会ったときに、そういう呪詛の言葉が出てくるのもわかるけれど、しかし、そこで彼らはむしろ歌うべきだったんじゃないかと思った。それでロックシンガーを主人公にした自分の小説に『バビロンに行きて歌え』という反語的なタイトルをつけたんです。

あるいは僕の父（福永武彦）でいえば、『草の花』というのは「人はみな草のごとく、その光栄はみな草の花の如し」（ペテロの前の書1‐24）から引用したタイトルですね。そういうことをみんなこぞってしてきたわけです。

とりわけ伝道の書は、ヘミングウェイの『日はまた昇る』とか、レマルクの『愛する時と死する時』とか人気がある。石川淳に「燃える棘《しば》」という短篇があるけれど、あれは出エジプト記で、モーセの前に神が現れるシーンですよね。燃える棘の炎のなかに神が現れてモーセに呼びかける。もっと身近なものだと、インディ・ジョーンズの「レイダース　失われたアーク」なんて、十戒の石板を納めた聖櫃をめぐる話でしょう。

旧約聖書の最初におかれたモーセ五書、つまり「律法」は、やっぱりダイナミックで面白い。神さまとサシでやりとりしながら、ほかの民族に対し自分たちを定義づける。われわれはこの神によって立つものであるという定義が非常にしっかりしていたから、いままでつづいたわけでしょう。偉人伝として読み応えがあるのはダビデの話。民族史としては十戒を定めるに至るいきさつ、それから周辺の強国に弱い自分たちがいかに対抗していくか。エジプトに行ったり、エジプトをなんとか抜け出したり、それからバビロンに連れていかれて、また帰ってきて。そうしながらも民族のアイデンティティを保った。その力のもとはここなのかという思いで旧約聖書を読むと、またぐんと濃厚な気がします。

最初に読むには、旧約聖書のいちばん初めにおかれた創世記がやはりいいでしょう。それから新約聖書の福音書を読む。この二つはずいぶん雰囲気が違います。この二つの間に聖書のすべてがあると言えるでしょう。

文学のなかの聖書

カトリックとプロテスタントはずいぶん違いますよね。カトリックは必ずしも個人が聖書を持つ必要はない。むしろそれよりは、公教要理や聖歌や、連禱《れんとう》といったもののほうが大事でしょう。これはギリシャ正教など東方教会でも同じです。ところがプロテスタントでは、教会の権威がカトリックより弱まり、「人」と「神」のダイレクトな契約になる。そのよりどころとして聖書は非常に重要なんです。

一四五五年、グーテンベルクが発明した活版印刷によって、それまで写本だった聖書が初めて印刷されました。そのときはまだ大判（二つ折り判＝フォリオ）だったけれど、のちにルターが今でいうA5判サイズの聖書をつくって、それが各家庭に普及していった。グーテンベルクの印刷術によって個人が聖書を所有できるようにならなければ、プロテスタントはあんなに広まらなかったんじゃないか。

僕はうかつなことに、フランスで暮らしてからようやく、カトリックやギリシャ正教とプロテスタントの雰囲気の違いがはっきりわかるようになった。そうしてみると、どうやらアメリカ人がいちばん聖書が好きらしい。イギリスの場合、アングリカン・チャーチ（英国国教会、聖公会）というのはカトリックの要素を相当残しているし、なにしろイギリス人だから、「いや、僕らにはシェイクスピアがあるから」とか言うかもしれない（笑）。

聖書をいちばん使っているのもアメリカ文学じゃないですか。たとえばフォークナーの『アブサロム、アブサロム！』の元はサムエル記ですね。あの小説を読むときは、父ダビデ王に反抗した悲劇的な息子を思い出す。最終的に父が勝つのだけれど、勝った父の、「アブサロム、アブサロムよ、おまえの代わりに私が死ねばよかったのだ」という嘆きを、あのアメリカ南部の物語に重ねて読む。フォークナーは旧約的ですね。メルヴィルの『白鯨』を読むときにも旧約聖書のイメージがずっとついてまわる。

トニ・モリスンの『ビラヴド』、Beloved は、ローマ人への手紙の「愛されし者」だし、それから『トム・ソーヤーの冒険』の最初のほうに、聖書の章句をふたつ暗唱すると青いカードがもらえて、青いカード十枚が赤いカードになって、赤いカード十枚が黄色いカードになって、それ十枚で簡素な聖書が一冊貰える、というふうに章句を覚えさせるというシーンがありました。もちろんトムは自分では少ししか覚えないで、ほかのものとバーターで手に入れたりしてるんだけどね。

それからアップダイクの伝記を読んでいると、彼はプロテスタント教会をあちこち渡り歩いている。「アップダイクは心からのルター派であり、その中でもプロテスタント諸宗派を渡り歩いて、最後はエピスコパル派に落ち着いたという」んですが、それぞれの違いは外部の者にはわからないですね。アップダイクは『日曜日だけの一カ月』を読んでも、牧師という職業を特別視していない。しょうもない牧師がいっぱい出てくる。最初の『走れウサギ』やそれ以降のウサギシリーズでもね。

カトリック作家のグレアム・グリーンの場合は、『情事の終り』の恋敵としての神というのが面白い。愛人だったサラという女が死んだあとになって、彼女がいかに敬虔であったかがわかる。それからイーヴリン・ウォーの『ブライヅヘッドふたたび』。あれもカトリック。昔、吉田健一訳で読んで、面白くて、大好きになった。あとからペンギン・ブックス版を買ったら、まえがきにイーヴリン・ウォーの言葉があって、この小説は、「性格をさまざま異にしながらも、しっかりと結ばれた一群の人たちのうえに、神の恩寵がいかに働きかけるか」を主題に書いたものだとあった。そんなこと気づかなかった、メロドラマだと思った。あれは言ってみればさまざまな障害をのりこえてゆく恋物語でしょう。でもエンディングで、障害がすべてなくなったのに、結婚はできない、と女がいう。自分はとても罪深いから、神さまがいなくては生きていけないと。男は、「わかっていた」という。『情事の終り』と同じで、ここでも女のほうは、男より神さまを、信仰を選ぶんです。

僕の好きな聖書

自分の系譜でいえば、僕の祖母は聖公会の伝道師でした。だから父はたぶん幼児受洗していたんだろうけれど、そのあと一度信仰を棄て、最終的にもういっぺんキリスト者にもどって死にました。だから『草の花』なんていうタイトルをつけたんですね。

聖書は、テクストである以上に思考のフレームなんですよ。使えるわけ。なにかを書こうとするとき、ダビデとゴリアテを土台にしたり、サムソンとデリラに重ねたり。

この『大学教授のように小説を読む方法』（トーマス・C・フォスター）という本をきのうたまたま読んでたんだけど、5章が「疑わしきはシェイクスピアと思え……」、6章が「……さもなければ聖書だ」となっている（笑）。つまり本を読んでいてなにか怪しいものが出てきたらシェイクスピアか聖書をふまえてると思っていい、と学生たちに教えている。これはけっこうアメリカで売れたらしい。ということは、アメリカの学生も、聖書にそれほど詳しくないということですね。

以前、月刊PLAYBOYで「叡智の断片」という名言の紹介をやっていましたから、引用句辞典というのを七、八冊持ってますが、よく使われる引用句としてダントツに多いのは聖書ですよ。つぎがシェイクスピア。どちらも、知ってなくちゃいけない、あるいは知ってるとかっこいいものなんでしょう。

しかし見事な警句や寸言の宝庫である以上に、聖書はまずもっておもしろいエピソードがぎっしり詰まった宝箱です。ここまでぼくはいろんなことを言ったけれど、いちばん強調すべきはこの聖書の物語性かもしれない。

文語訳の聖書というのが僕はいまでも好きですね。「まことに汝らに告ぐ、我と共に食する汝らの中《うち》の一人、われを賣らん」（マルコ伝福音書14-18）なんてぴしっと決まってるじゃないですか。心には訴えないかもしれないけれど、文学的にはリズムがいいし、字面はおどろおどろしいし（笑）、好きな本ですね。最初に読んだのは中学生くらいかな。一九五〇年代です。口語訳が出たのが五五年。当時評判がわるかったのを覚えてます。母も「文語のほうがきれいよ」と言っていた。もしもこれから初めて文語訳を読むなら、福音書ではなく、旧約聖書の箴言、雅歌、詩篇あたりがいいですね。そもそも詩ですから、文語訳のリズムが生きている。

好きな個所、旧約ならばやはりダビデの生涯かな。サムエル記ですね。アブラハムやモーセはまだ神話の中の人でしょう。ダビデはもうすっかり人間で、苦労して王になって、部下の妻を横取りするような悪事を働いて、さっきのアブサロムのような子の世代の悲劇にも遭遇して、それでもユダヤ史で最も偉大な王になった。

新約だと、福音書はルカ伝。四つの福音書の中でいちばん人間らしい気がするんですよ。イエスの前、洗礼者ヨハネの誕生の予告から始まるあたりが物語らしいし、少年イエスの話なんてルカにしかないでしょう（ルカによる福音書2‐41～52）。

使徒行伝の作者はルカらしいですね。だからパウロの伝道の旅の記述もどこか人間くさい。こんなことを言うのはつまりぼくが文学好きで信仰にはあまり縁がない性格だからなんでしょうね。

使徒行伝の中でパウロはちょっとミニ・イエスのような小さな奇跡を見せますね。その一つに、トロアスで窓から落ちて死んだ青年の話があります。「一週《ひとまはり》の首《はじめ》の日われらパンを擘《さ》かんとて集りしが、パウロ明日いで立たんとて彼等とかたり、夜半まで語り續けたり」（使徒行伝20-7）。この話、パウロの説教があんまり長いので退屈して居眠りをしたというあたりがおかしいでしょ。

ぼくはこれで『オデュッセイア』のエルペーノールという若者の話を思い出しました。第十巻ですね。キルケーの館を出発しようとみなが忙しく立ち働いている時に、エルペーノールだけは酔っぱらって屋根で寝ていた。みんなが働いていることに気づいて、急いで屋根から降りようとして落ちて死んだ。次の巻でオデュッセウスは冥府に行きますね。そして死んだばかりのエルペーノールに会う。死んだ若者はせめて櫂を一本浜辺に立てて自分の墓標としてくれと頼む。

こういう類似がおもしろいんですよ。いまでも僕は聖書を読みつづけていると言っていいし、なにかのたびに開いてみるし、読み終わったといえる日は絶対にこないと思います。

Ⅲ　旧約聖書は意外に新しかった

秋吉輝雄　あきよし・てるお

旧約聖書、古代イスラエル宗教史研究者。一九三九年、東京生まれ。立教大学文学部キリスト教学科卒業。二〇一〇年まで立教女学院短期大学教授。一一年、死去。カトリック・プロテスタント共同訳聖書翻訳・編集委員（旧約と続編担当）。著書に『旧約聖書人物の系譜・歴史年表』『ぼくたちが聖書について知りたかったこと』（池澤夏樹との共著）、訳書に『雅歌――古代イスラエルの恋愛詩』（池澤夏樹編）など。

耳から知った聖書

きわめて個人的な話をするのははばかられるのですが、僕は四代目のクリスチャンで、親戚一同みな聖公会の信者でした。曾祖父は、一八五九年（安政六年）、聖公会の最初の宣教師であるウィリアムズ主教が長崎に伝道にいらしたときの、ごく初期の信徒のようです。九州の太宰府のすぐ近くに一族は住んでいて、外界とあまり接触をもたずに長いこと暮らしてきた。父たちの代までいとこ婚も多くて、だから親戚が集まると顔がよく似ている。

母方も九州のクリスチャン一家の生まれで、僕でやっぱり三代目くらいですね。そんなふうに、両親とも一族がクリスチャンという家ですから、九品仏にあった家には、教会の関係者がよく集まっていました。父母の親族もよく来ていたし、父は当時、海軍の大佐から少将のときだったので、その関係者もやってきた。

父の妹の豊子は、大阪のプール女学校の一回生で、卒業後は聖公会の伝道師になっています。その豊子が作家・福永武彦の母親です。つまり福永は僕の従兄にあたるのですが、彼の実弟で早世した文彦を父が養子にしていたものですから、僕の感覚では、福永は従兄というより兄に近い。

福永がよく述懐していましたが、わが家は大家族で人の出入りも多く、大勢で食卓を囲むのはいいのだけれど、長々といろんな人のお祈りがあって、しかも「きょうは武彦がきています」なんてさらに長くなるものだから、「あれにはまいった」と。そういう家でしたから、僕も門前の小僧よろしく、大人たちのお祈りや聖書の一節を読む声を聞きながら育ちました。言葉がわかるようになると同時に、聖書が耳から入ってきた。目からではなく、まず耳から聖書を知ったということになります。もちろん文語訳です。

教会へはものごころついたときから通っていました。父が昭和二十二年に亡くなって、二十四年、僕が小学校四年の夏、いまも暮らす杉並の善福寺に越してきたんです。母はプロテスタント系の東京女子大の二回生か三回生なのですが、学生のころ善福寺公園を歩いていて、いつかここに住もうと決めたのだそうです。当時は立教女学院の礼拝堂が教会として市民に開放されていて、家からは最も近い聖公会の教会でしたから、僕も引っ越すとすぐに連れていかれて、文語訳聖書をみんなの前で読まされたりしていました。

中学生のころ、口語訳聖書が出たのですが（一九五五年）、初めはひどく違和感がありました。文語訳（明治訳）に親しんでいた教会員だけでなく、文学者なんかの評判もずいぶん悪かった。それでも五十年以上経つと、それなりになじんでくるものだから不思議ですね。ちなみに僕も多少かかわった「新共同訳」（プロテスタントとカトリックが共同で翻訳）が、それからさらに三十年後の一九八七年に出ていますが、僕自身まだこの訳文にはなじめないでいます。

いまは古文書としての聖書の研究が進み、より原典に忠実な、正確な翻訳が他にも出てきていますが、研究に見合った改訳はやっぱりどうしても必要だと思います。一方で、僕が子ども時代に耳から聖書を知ったように、聖典というのは朗誦されるものですからね。難解で浮き世ばなれした感じの明治訳がいまでも人びとに愛されているのは、音声にのせたときに美しいからでしょう。その意味をもう一度考えてみることも大切だろうと思います。

天文学から聖書学へ

さて、高校を卒業するまでは、自分が聖書学をやることになるなんて、露ほども考えていませんでした。親父は海軍の軍人であると同時に天文学者でしたから、僕も天文学者になるつもりでした。小学生のころから、野尻抱影の星の本なんかを熱心に読んでいました。

高校に入ると、従兄の福永武彦のところに足繁く通うようになりました。福永の作品もよく読んでいた。『草の花』はタイトル自体、旧約聖書あってのものですが、この本のなかに教会批判が出てくるんです。正確な引用ではないけれど、イギリスのクリスチャンは神とキングのために戦い、アメリカのクリスチャンは神とデモクラシーのため、日本人は神と天皇のために云々……これが頭にこびりついて離れない。のちに、僕がキリスト教とはなにか、宗教とはなにか、人間とはなにかを考える原点になったともいえるだろうと思います。

さて、高校時代までは天文学者になるつもりだったわけですけれど、受験に失敗してしまった。一浪のとき哲学を少しかじってみたんですが、哲学というのは理性の学問で、理性だけでは人間は扱えないだろうと思った。人間全体を扱うなら宗教だと思い、結局天文学は断念し、立教大学のキリスト教学科というところに入ったんです。

そこで、東大から立教に教えにきていらした生涯の恩師、大畠清先生と出会いました。大畠先生は古代オリエントの宗教史がご専門だった。先生に入門を申し出たら、ヘブライ語、ギリシア語、ラテン語をマスターせよ、それまでは学術書にいたるまで日本語の本を読んではいけないと申し渡された。そこで、大学の構内に住み込んで、三つの言語を同時進行で猛勉強し始めたんです。キリスト教学科だと、旧約聖書をやるならヘブライ語、新約聖書はギリシア語、神学をやりたいならギリシア語かラテン語を選択するんですが、それをぜんぶやれっていうんですから、あれほど勉強したことはありません。

大畠先生に会わなければ、聖書学をやることもなかったでしょう。僕は宗教を人間の問題として考えたかった。大畠先生はなぜ人間に宗教があるのかということを歴史的に問うていた。それを見ていて、僕もこういう方法が向いていると思ったんです。ある問題が出されたときに、もともとはどうなっていたんだろうと根源から歴史的に考えるのか、いまの問題を中心に応用篇――いわば実存的・哲学的問題意識から考えるのか。僕は理科系か文科系かという選択肢ではなく、昔を辿るほうが自分に向いていると思った。

古代イスラエルを中心に古代オリエントの宗教史をやることにしたと福永武彦にいったら、とても喜んで、三笠宮（戦後、東大の大畠研究室で特別研究生をなさっていた）の訳した『古代文化の光』という本と、ギリシア語の聖書をくれました。

聖書のテクスト・クリティーク

ところで、旧約聖書という呼び方そのものが、新約聖書を前提としたものですね。つまり新約聖書が成立する前には旧約聖書は存在しなかった。もちろん、イエス自身が深く読み込んでいて、新約聖書にもしばしば引かれているヘブライ語の聖典はありました。けれどそれは旧約聖書として存在していたのではなく、いまも昔もユダヤ教徒の聖典として用いられている「律法」「預言者」「詩篇その他」という書物として存在していたんです。

そして、それらの文書は、ユダヤ教の聖典としてまとめられるずっと昔から、ご先祖さまたちが残した遺産として彼らの前にあった。それがユダヤ教の聖典として、そして旧約聖書として、いまのかたちにまとめられたのは案外新しいことなんです。紀元前六世紀末のバビロン捕囚のころに、当時のユダヤ教徒たちが解釈をしなおして、自由に配列し、彼らがいま存在する意味を主張するためにつくりあげた。要するに、天地創造から語りはじめる旧約聖書も意外に新しかった。

そんなふうに考えていくうち、どんどんキリスト教からユダヤ教、そしてそれ以前へと遡ってしまい、大学構内に僕を住まわせてくださった竹田鐵三先生には、「秋吉に古代オリエントをやらせるために部屋を貸したら、キリスト教を飛び越してとうとうユダヤ教に行っちまった」と笑いまじりに言われました。いまようやく、また現在の方向に時間を少しもどしてみる気になっているんですが、その前に命がつきるでしょう。

修士論文では「サムエル記」をテーマにしました。メシア研究をやろうと思い――メシアは周知のようにキリストというギリシア語の元のヘブライ語ですが、イエス・キリストはダビデの子として誕生するということになっているので――イエスの先祖とされているダビデ王が登場する「サムエル記」を選んだんです。

ところがヘブライ語の原典で読み始めると、わからないことが多すぎる。一語しか使われていない言葉がいくつもあるからなんです。一語しかないと、どう訳していいかわからない。これをどう訳そうかと迷ったとき、安易にそこだけギリシア語訳とかラテン語訳からもらってきてはだめなんです。かつては信ずるものだった辞書も、そのころには、疑うもの、あるいは自分でつくるものになっていた。大畠先生がヘブライ語とギリシア語とラテン語をぜんぶやれといった意味がこのときよくわかりました。ヘブライ語聖書とその翻訳とされているギリシア語聖書ではまるで内容がちがう。比較研究を行なうには、両方の言語の習得がどうしても必要だったんです。

そして僕はまさにこのテクスト・クリティーク、聖書の本文批評をやりにイスラエルに行くことになった。修士を終わろうかというときに、大畠先生に「イスラエルへ行って勉強しろ」と言われたんです。大畠先生もちょうど日本の発掘隊を率いてイスラエルにいらっしゃるところだった。

ヘブライ大学ではアレッポ写本をもとにした聖書をつくろうとしていて、ちょうどそのとき「サムエル記」の部分に取り組んでいました。アレッポ写本というのは、シリアのアレッポに遺されていた九三〇年頃の完本としては最古のヘブライ語聖書写本で、アレッポの修道院が所蔵していて門外不出のはずだった。それがイスラエルのヘブライ大学にあったんです。なぜあったかは言えません（笑）。いまでは考えられませんが、アレッポ写本の原本そのものを横において、ギリシア語聖書との比較をするというのがゼミで僕に与えられた課題でした。

旧約聖書に流れる時間

聖書に清く正しいものを求めるとしたら、新約聖書のほうがいいでしょう。旧約聖書は、清く正しくないどころか、人間のあらゆる面が描かれているし、一つのストーリーを期待して読むと、平気で矛盾した記述が出てくる。

たとえば旧約聖書のいちばん初め、創世記の一章から読み始めるとします。一章と二章は天地創造の物語です。でもその話はつながっておらず、べつべつの創造物語が並置されているとしか思えない。まず一章二十七節には、天地創造の六日目になって、さいごに雌雄（男女とは別のヘブライ語です）一対の人間が同時につくられたとある。ところが二章の四節以降では、ちりからまず男が創られて、男を慰めるためのいろいろな動物が創られ、最後に男にふさわしい助け手がいるだろうと女が創られたという。これがエヴァです。ここに出てくる、「男から取ったものだから、これを女と名づけよう」という箇所も、意味がよくわからない。

その疑問は、ヘブライ語という言葉を知ることによって、少しずつ解けていきました。ヘブライ語という言葉は、乱暴にいってしまうと、過去・現在・未来の区別がない、時制のない言語なんです。天地創造の物語も、神のなさった過去の偉大なる御わざというよりは、いままさに眼前で行われている感じなんですね。だから、文書をどんどん重ねていって、そこにいくら矛盾があっても気にしないんです。まだ結末が確定していない現在の話だから。

一方、新約聖書の世界は、過去・現在・未来がはっきりと区別されたギリシア語を背景とするヘレニズムの世界です。この、一直線に流れる時間軸をもつギリシア語の世界だからこそ、天地創造から始まるモーセ五書を指す「律法」が「旧い約束」、つまり旧約の世界と感じられたのではないかと思います。と同時に、イエスがもたらした世界を新しいものと認識できたのでしょう。

それから、男から取ったので女と名づけようという箇所の疑問は、ヘブライ語にもどるとすぐ氷解します。ヘブライ語ではここで用いられている男女は同語源なんです。「イーシュ（男／夫）から取られたのだからイッシャー（女／妻）と名づけよう」と。

旧約聖書の読みどころ

ここでちょっと新約聖書と旧約聖書に収められている書物の構成について見てみましょう。

新約聖書は、「福音書・使徒行伝」「書簡集」「ヨハネの黙示録」の三つの部分に分けられ、それぞれ、教会の過去、現在、未来を示している。旧約聖書も、「創世記」から「エステル記」までの律法と歴史文学、「ヨブ記」から「雅歌」までの文学作品、「イザヤ書」から「マラキ書」にいたる預言文学と、新約と同様に過去・現在・未来の構造をもっています。ここでは、神とイスラエル民族との過去の関係（律法）、イスラエル民族が抱えている諸問題（文学）、やがて民族の上に起こるであろう滅亡と救済（預言）が語られています。そして新約聖書では、その預言の実現者としてのイエス・キリストが示される。

旧約聖書の各書はイエスの時代には、紀元前三〜二世紀にヘブライ語からギリシア語に翻訳された——七十人訳聖書と呼ばれています——「律法」や「預言者」が読まれていたのですが、「旧約聖書」という名称で存在していたのではありません。でも私たちは新約聖書によって、イエスの「律法」の解釈は、ことごとく旧い「律法」を離れた新しいものであることを知っています。

たとえば、「空の空、空の空、いっさいは空である」と嘆じ、悦楽も富も労苦もいっさい「風を捕えるようなものである」と嘆く「伝道の書」は、「何を食べようか、何を飲もうか、あるいは何を着ようかと言って思い煩うな……一日の苦労はその日一日だけで十分である」という「マタイによる福音書」の言葉があるおかげで、単なる嘆きではなく、私たちの嘆きを代弁するものとなる。そしてその答えを私たちは、イエスの言葉に見出しているのではないでしょうか。

「ヨナ書」も面白いですよ。たった四章の小さな話。ご先祖さまが歩いてきた道を復唱するような、日本の昔話みたいなものです。でもヘブライ語聖書では、「預言者」のところに入っていて、なぜこれがと思いますよね。ヨナという人は、神への反逆児のような駄々っ子で、神の命令に背いて逃れようとするうちに、大きな魚にのみこまれてしまう。でも悔い改めるなら、このようなものでも神は救ってくださるのだということを、天の声としてではなく、おどけた喜劇の主人公のようなヨナを通して語っている。そういう意味でやはり特異な預言者なんです。

「ヨブ記」も文学者たちをひきつけて、実存的な物語として読まれてきた。あれはユダヤ人ならみんなが知っているイスラエル史を語ったのでしょうから、そういう意味ではヨナと似ている気がします。それから活劇としては「出エジプト記」が面白い。

先ほどの「伝道の書」ですが、新共同訳では「コヘレトの言葉」となっています。これはヘブライ語の「コヘレト」という言葉の意味が、「伝道者」という普通名詞ではなく、個人名だろうという理解に変わったためです。「空の空」、いまの新共同訳では「なんという空しさ」と訳されているところですが、この原語の「ハヴェール」というのは、蒸気、霧のことです。つかもうとしてもつかめない。現代ヘブライ語では、「しまった」とか地団駄を踏むようなときに「ハヴェール」と言う。ですから人生というのはどうにも捉えようがない、というような意味なんですね。

さらにこの書には、「人間にとって最も良いのは、飲み食い、自分の労苦によって魂を満足させること」、つまり楽しんでこの世の中を送るのがいいとも書かれています。できればそれが一番いい。できないからこそ問題なのですが、僕はここがいちばん好きだな。

Ⅳ　レヴィナスを通して読む「旧約聖書」

内田樹《うちだ・たつる》

凱風館館長。一九五〇年、東京生まれ。東京大学文学部仏文科卒業。二〇一一年まで、神戸女学院大学教授。現在は同大学名誉教授。〇七年『私家版・ユダヤ文化論』で小林秀雄賞を受賞。著書に『レヴィナスと愛の現象学』『他者と死者――ラカンによるレヴィナス』『日本辺境論』『一神教と国家――イスラーム、キリスト教、ユダヤ教』（中田考との共著）など。近刊に『日本の身体』『街場の共同体論』。

ホロコーストと哲学

二十代の終わりくらいに、エマニュエル・レヴィナスを読み始めました。そして、レヴィナスを読むには、ユダヤ教の聖典としての「旧約聖書」を読むことと、ユダヤ教徒の生活と信仰を支える口伝律法「タルムード」を読むことがどうしても必要だということを知りました。

第二次世界大戦をくぐり抜けてきた「ホロコースト・サヴァイヴァー」であるレヴィナスにとっては、六百万人の同胞が殺された民族虐殺から自分だけがなぜ生き延びたのかを問うことが戦後の重い思想的課題でした。レヴィナスの哲学とはほとんどそのこと「だけ」をめぐっていると言ってよいと思います。

レヴィナスにとって、それは同胞たちが殺された当の理由であるユダヤ共同体が存在することの意味と、ユダヤ教信仰の現時的な必然性を理論的に基礎づけることでした。「ユダヤ人は生き延びる必然性がある」ということと「ユダヤ人を殺したがる人々がいることには必然性がある」ということを同時に論証すること。それが、戦後のユダヤ哲学者たちの民族的・聖史的使命だった、そういうふうに言えるだろうと思います。

ぼくはそういうきわめて緊張感の高い思想的課題に、歴史的にも哲学的にも、何の関連も持たない異国の若者としていきなり出くわしてしまったわけです。ぼくとレヴィナスの間には何の関係もない。ほんとうに、何の関係もないんです。にもかかわらず、ぼくは一読してうちのめされるような感動を覚えた。この人の思考を理解したい、この人の思想の深みに触れたいと、ほとんど切望した。

聖書を読むということ自体は高校生の頃から西欧文明を理解するための基礎的教養として自分に課していました。けれども、レヴィナスと出会ってから「旧約聖書」の読み方はまったく変わってしまった。

レヴィナスによれば、聖書は「完全記号」です。そこにはすべてが書かれている。聖書が書かれた時点においては存在しなかったことについても、およそ人間がなしうる可能性のあるすべてのことについて神の叡智の言葉が書き記してある。核兵器についても、バブル経済についても、グーグルについても、そこには書いてある。正しい聖書解釈法を適用すれば、およそ人間にかかわるすべてのトピックについての神の言葉を聖書から読み出すことができる。それがレヴィナスの、ひろくいえばユダヤ教徒の聖書解釈についての考え方です。

聖句には二重三重の意味の層が重畳《ちょうじょう》しています。正しい導師に就き、正しい解釈の仕方を学んだものだけが聖書の真理をそこから引き出すことができる。

ぼくはこの「完全記号」という概念と「導師に就いて、直接テクストの解釈の仕方を相伝される」という発想につよい衝撃を受けたのだと思います。

聖書解釈においては、素人の仕事が一番つまらない。自分の生活実感を無批判に延長して、自分の歴史的条件の枠内に無反省的にとどまったままで、聖書を恣意的に解釈し、そこから当世風の教訓を引き出すのを聖書の「功利的利用」とすると、レヴィナスのような解釈はその対極にあるものだと思います。

ユダヤ教の聖典解釈学は、タルムードにしても、カバラーにしても、巨大な学問体系です。これはしかるべき師に就いて相伝を受けなければならない。素人が我流でいじりまわすことは許されません。

レヴィナスが師に就いて本格的にタルムード解釈学を学び始めたのは第二次世界大戦後のことです。

レヴィナスは一九〇六年、リトアニアに生まれました。六歳からヘブライ語の聖書を学び、ドイツのギムナジウムに入り、その後、フランスのストラスブール大学で哲学を学びます。そしてフッサール、ハイデガー、ブランシュヴィックといった錚々たる独仏の哲学者に直接薫陶を受け、気鋭の哲学者としてめきめきと頭角を現してゆく。フッサール現象学もハイデガー存在論もフランスに最初に紹介したのは当時まだ二十代であったレヴィナスです。

レヴィナスは故郷とユダヤの伝統的な宗教文化から切り離されて、国際共通性のある知性の運動である哲学の世界に入っていったわけです。その意味では、すすんで脱宗教化していった近代ヨーロッパの同化ユダヤ人たちの一人とみなすことができます。

しかし、ナチスが政権を取ると、ハイデガーはナチスの同調者になり、ユダヤ系のフッサールもブランシュヴィックも沈黙を余儀なくされ、レヴィナス自身は召集され、大戦初期に捕虜となり、戦後まで収容所で過ごすことになります。

そして、戦争が終わってはじめて、自分がリトアニアに残してきた親族たちのほぼ全員がアウシュヴィッツで殺されていたことを知ります。レヴィナスはこのときに大きな衝撃を受けます。

ヨーロッパには哲学の長い歴史があります。にもかかわらず、その知的蓄積は六百万人同胞の虐殺を防げなかった。このとき、レヴィナスは「哲学の無力」を感じたのだと思います。そういう言葉を口にしたことはありませんけれど、感じたはずです。哲学者が机上で哲学的難問について思弁を弄している限り、それがどれほど精妙で、壮麗な知的伽藍であったとしても、世界がそれによって多少とも倫理的になるわけではない、少なくともユダヤ人にとって生きやすい世界になるわけではない。そのことを第二次世界大戦時の哲学者たちの無力を見て、レヴィナスは骨身にしみて痛感したのだと思います。

しかし、戦後のレヴィナスはそういう口吻で哲学者を糾弾したことは一度もありません。それよりは「自分が生き残ってしまったことの疚しさ」の方がはるかに大きかったからだと思います。

なぜ、死んだのは他の人々で自分ではなかったのか。その理由をレヴィナスは言葉にすることができませんでした。そして、「生き残ったものの責務は何か」ということを考え抜きました。生き残った人間が「自分が生き残ったことには理由がある」ということを自分自身に納得させるためには、「死者たちがやり残した仕事をやり遂げる」しかない。それを託されたがために自分は生き残ったと思うしかない。

その結果、レヴィナスは、ヨーロッパ二千年の歴史が総力をあげて叩き潰そうとしてきた宗教文化を再構築することを「サヴァイヴァー」の責務として引き受けることになります。

レヴィナスは戦後まもなく再開した「東方イスラエル師範学校」の校長に招かれました。ここでレヴィナスは哲学者としての自身のキャリア形成をいったん脇に置いて、ユダヤ人の青年たちを集めて、教員養成を始めました。宗教的な背骨のしっかり通った教師を育成し、壊滅状態に陥っていた地中海世界のユダヤ・コミュニティの再構築を行うことが五〇年代のレヴィナスの最優先の仕事でした。

この時期のレヴィナスの書き物は『困難な自由』（国文社）にいくつかが収録されています。その中でレヴィナスはフランスのユダヤ人青少年に向かって、ユダヤの宗教文化を、若い人たちは時代遅れの骨董品だと思っているかもしれないけれど、そうではない。これは無限の叡智の源泉なのであると、情理を尽くして説いています。ユダヤ人たちが民族の宗教を捨て、どんどん聖典から離れ、世俗化してゆく流れにあらがって、ほとんど独力で大河を堰き止めるように、ユダヤ教思想の深遠さとそのアクチュアリティを論じたのです。

その使命感を支えたのは、ホロコーストで死んでいった六百万同胞への鎮魂の願いだったとぼくは思います。同胞がその名において殺されたユダヤ教の宗教文化の威信と深みを非ユダヤ世界に向けて示すというこの民族的プロジェクトにおいて、レヴィナスに匹敵する功績者は他にいないのではないかとぼくは思います。

二十世紀初めにユダヤの宗教文化を復興させようとした運動の中心的なメンバーたちは大戦中にほとんど殺されました。ですから、レヴィナスは、アンドレ・ネエルやエリ・ヴィーゼルやジャン・ヴァールのような少数の「生き残ったユダヤ人」たちと、ほとんどゼロからその仕事を始めるしかなかったのです。

解釈の縛りと自由

ちょうどそのとき、パリのユダヤ人コミュニティでは東欧からやってきたモルデカイ・シュシャーニという神話的な学識を誇るラビの噂が広まっていました。とてつもない博識のラビがいるらしい。シュシャーニ師は家族を持たず、定住する家も持たず、世界を放浪しながら、気が向けば富裕なユダヤ人家庭に寄寓してタルムードを講じるという放浪の律法学者でした。「師はひとからは乞食のように見えたであろう」とレヴィナスは言っています。

すでに四十歳を過ぎていたレヴィナスは、シュシャーニに師事し、自宅に師のための一室を提供して、ユダヤ教の解釈学を伝統的な師弟関係を通じて学びます。偶然にも、まったく同じ時期に、エリ・ヴィーゼルもシュシャーニに弟子入りしていたのです。レヴィナスもヴィーゼルも、自分たちがシュシャーニ師の兄弟弟子であることを後年になるまで知らなかったそうです。

タルムードは二千年に及ぶ律法解釈を集積した体系です。書物としても膨大な巻数に及びます。レヴィナスによれば、シュシャーニ師は、授業のときには手元にタルムードのテクストを置いたことがありませんでした。でも、レヴィナスがタルムードの一節をたどたどしく読み、解釈を試みていると、「いま、そこ一行飛ばした」と鋭く指摘したそうです。師はタルムードの全章を掌《たなごころ》を指すがごとく暗記していたのです。

このような巨大なスケールをもつ知の迫力はやはり一対一の対面教育でなければ経験しえないものでしょう。

結果的に、レヴィナスはこの伝説的なラビの直弟子として、ヨーロッパのユダヤ共同体において高い知的威信を獲得することになり、やがてフランスユダヤ人社会における霊的導師という地位にまで上り詰めてゆくことになります。

ユダヤ教では、これまでの歴代のラビの範例的解釈が蓄積されています。それがタルムードに書き加えられてゆきます。タルムードという書物が独自なのは、それが「増殖しつつある書物」だということです。いまもなお十八世紀十九世紀のラビたちの解釈のうち、ひろく人口に膾炙することになったものが参照すべき範例として逐次追加されています。宗教の正典であるにもかかわらずたえず増大し続け、決定版を持たない。それがタルムードなのです。

すべての聖句は無限の解釈に開かれている。しかし、無限に開かれているとは言っても、恣意的な解釈は許されません。それはラビに直接就いて学んだ厳密な学識と正統的な解釈規則に基づいてなされなければなりません。

解釈者であるための条件は非常に厳しい。けれども、ひとたび相伝を受けて解釈する資格を得たものは、今度は逆に解釈においてあらゆる創意工夫を凝らさなければなりません。

師の解釈をただ繰り返していたのでは解釈者に任じられた意味がない。厳密に正統的な規則に準拠して、これまで誰も行ったことがないような大胆な解釈を行わなければならない。これまで誰も口にしたことがない驚くべき解釈を試みなければならない。解釈規則にがんじがらめにされるという条件を受け入れた者にだけ驚嘆すべき解釈の自由が許される。これがユダヤ教という宗教の特徴だと思います。

奥義を得るまではどのような恣意性も個性の発現も認められず、逆に奥義を得た者には凡庸な解釈や先人の模倣を許さない。それは経験的に、初学者に解釈の自由を許すことも、学識深い人に発明の才を禁じることも、どちらも聖なるテクストから無限の意味を汲み出すという目標のためには役に立たないということをユダヤ人たちが知っていたからです。

レヴィナスによる聖書やタルムードの解釈は、ユダヤの宗教文化の蓄積を十分に咀嚼し、聖典の膨大な解釈を渉猟して、師との厳しい問答をくぐり抜けて、そうしたテストをパスした弟子にだけ許された個性的な解釈です。「心の欲するところに従っても規矩を超えない」境位にまで達した律法学者だけに許された、軽やかな、まことに風通しのよい解釈なのです。

言い換えると、ユダヤ人たちは聖なるテクストを読むときに、「脳的」にではなく、「身体的」に読んでいるのだと思います。律法学者において、解釈規則はほとんど身体化しています。知識としてあるのではありません。テクストは単なる文字です。それは乾燥した、死んだ文字です。それに血を通じ、脈動させ、生命を蘇らせるのは解釈者の「生身」です。

　聖なるテクストそのものが「完全記号」であるのではありません。聖なるテクストを全知全能をあげて「完全記号」として読む解釈者の実存的な働きかけが、解釈者がテクストに注ぐ血と汗と涙とが、テクストの意味を賦活させるのです。テクストに肉薄する解釈者の生身の体温や息遣いがテクストを蘇生させるのです。

　解釈者とテクストが、かつて弟子と師の間に存在したような一対一の対話関係に入ったときに、テクストはその叡智の言葉を明かし始める。タルムードの解釈学はそういう動的な構造になっています。

　レヴィナスはこのような読み方を、テクストに向かって「懇請する」というふうに表現したことがあります。テクストに向かっておのれの実存をかけて懇請する。聖なるテクストが伝える意味は原理的には無限です。そこから他の誰も読み出すことのできなかった唯一無二の意味を読み出すことのできる人間は、そのことを通じておのれの唯一無二性を基礎づけることができる。解釈のユニークさが、解釈者のユニークさを証拠立ててくれる。解釈者はその生活の場において、その職業を通じて、家族関係を通じて、地域社会でのはたらきを通じて、そのユニークさを構成しています。ですから、聖典のユニークな解釈もまた、そのような意味でユニークである生活者にのみ可能なのです。

ユダヤ教は無神論に近い

ユダヤ教とキリスト教の違いというのは、イエスという「仲立ち」が存在するかしないか、そこに尽きると思います。

ユダヤ教にはイエスに当たる存在がありません。かつては族長がおり、預言者がおりました。でも遠い昔に神と直接言葉を交わすことのできる人はいなくなりました。神殿も古典的な儀礼とともに、紀元七〇年にティトゥスによって破壊されてしまいました。神との実体的なつながりを失ったユダヤ人に残されたものはテクストと、儀礼だけでした。

だから、ユダヤ教の信仰は、書かれた文字をどのように実存的に解釈するかということと、儀礼をどのように生き生きと実践するかという二点に集約されました。

キリスト教はご存知のとおり、もともとはこの「テクスト志向」と「儀礼志向」の過剰に対する批判として登場してきたユダヤ教内部の潮流です。テクスト重視、儀礼重視とは、言い換えると、繁文縟礼《はんぶんじょくれい》主義ということです。学識に媒介されないイノセントな宗教的想像力とか、シュールなほどに幻想的な見神体験といったものはユダヤ教の中ではつよく抑圧されていました。

おそらくはそのせいで、後年カバラーとかサバタイ主義とかハシディズムといった神秘主義的潮流がユダヤ教内部で生まれてくるのです。

イエス・キリストが神性を「受肉」していて、超歴史的に臨在しているという教えは、「神の不在」のもたらす空白を書物と儀礼で補塡するユダヤ教正系の教えに比べると、ある意味ではずっと「人間的」です。キリスト教徒から見ると、ユダヤ教は限りなく無神論に近い。

今ここには神はいない。かつてはいたけれど、今はいない。いずれメシアが現れるかもしれないが、まだ到来していない。いつ来るのかもわからない。「神は死んだ」ではなく、いわば「神はいま留守にしてます」というのがユダヤ教の考え方です。「留守である」にもかかわらず「かつてはいた」と「いずれもどってくる」という確信を維持できるかどうか。それがユダヤ教的な信仰のあり方であるわけです。

ユダヤ教の歴史を見ると、実際には、メシアは何度か現れています。中世以降、サバタイ・ツヴィやヤコブ・フランクのような「メシア」を名乗る人が繰り返し登場します。けれども、彼らは全世界のユダヤ教徒の期待を一身に集めたのちにイスラムに改宗したり、カトリックに改宗して、そのつどユダヤ人たちを絶望の中に叩き落としました。

ですから、メシアをユダヤ人は軽々に信じない。そういう点では、「軽信」ということの対極にある宗教的態度だと思います。サバタイ・ツヴィやヤコブ・フランクはもしかすると、ユダヤ人たちに「軽々にメシアを名乗るものを信じてはいけない。メシアの不在にあえて耐えなさい」ということを教えるために、あえて棄教してみせたのではないか、そういうねじれた解釈も可能ではないかとぼくは思います。

ホロコーストの後、生き延びたユダヤ人の多くは信仰の揺らぎを経験しました。なぜ神は私たちを見棄てたのか。民族の存亡のときに介入しないような神をどうして信じ続けることができるだろうか、と。

多くのユダヤ人がユダヤ教から離れてゆきました。その民族宗教の危機のときに、レヴィナスは若いユダヤ人たちにこう説きました。

では、いったいあなたたちはどのような単純な神をこれまで想定していたのか、と。人間が善行すれば報奨を与え、邪《よこしま》な行いをすれば罰を与える。神というのはそのような単純な勧善懲悪の機能にすぎないというのか。もし、そうだとしたら、神は人間によってコントロール可能な存在だということになる。人間が自分の意思によって、好きなように左右することができるようなものであるとしたら、どうしてそのようなものを信仰の対象となしえようか。神は地上の出来事には介入してこない。神が真にその威徳にふさわしいものであるのだとすれば、それは神が不在のときでも、神の支援がなくても、それでもなお地上に正義を実現しうるほどの霊的成熟を果たし得る存在を創造したこと以外にありえない。神なしでも神が臨在するときと変わらぬほどに粛々と神の計画を実現できる存在を創造したという事実だけが、神の存在を証しだてる。

神は、幼児にとっての親のように、つきっきりで人間のそばにいて、人間たちの正しい行いにはいちいち報奨を与え、誤った行いにはいちいち罰を下すのでなければ、ことの理非も正邪の区別もつかないような人間しか創造しえなかった——そう言い立てる者は、神をはじめから信じていないのである。

神は、神の支援ぬきで、自力で、弱者を救い、病者をいたわり、愛し合うことができ、正義を実現できるような、そのような可能性を持つものとして、われわれ人間を創造した。だから、人間が人間に対して犯した罪は、人間によってしか贖《あがな》うことができない。

神は人間にそのような霊的成熟を要求するのである、と。レヴィナスはそう告げたのでした。

人間の住む世界に正義と公正をもたらすのは神の仕事ではなく、人間の仕事である。世界に不義と不正が存在することを神の責めに帰すような人間は霊的には幼児である。私たちは霊的に成人にならなければならない。レヴィナスはそのように述べて、崩壊の瀬戸際にあったフランスユダヤ人社会を再構築したのです。

ぼくは異教徒ですけれども、このレヴィナスの「霊的な成人のための宗教」という考え方にはつよい衝撃を受けました。ぼくがレヴィナスを「師匠」と思いさだめたのは、この言葉を読んだときのことです。

旅に出よ

「旧約聖書」は今から何千年も以前の、ぼくたちと文化的バックグラウンドをまったく異にする人たちによって書かれたものです。言語も習俗もどこにも共通点のない集団の宗教文化の産物です。向こうは砂漠で、こちらは温帯モンスーンの湿地。まるで条件が異なった世界の人たちが語った言葉を、自分自身に切迫したものとして、日本語で読むことができるのは、たぶん聖書以外にはないと思います。その意味で、若い人にはぜひ聖書を読んでほしいと思います。共感の基盤がほとんどない遠い世界の人々の思考に同調し、その感情に移入する努力はできるだけ若いときに経験したほうがいい。

ぼくが聖書の中でいちばん好きな言葉は、創世記でアブラハムにむかって主が言う言葉です。「あなたは生まれ故郷／父の家を離れて／わたしが示す地に行きなさい」（創世記12-1）。「家を出よ」という命令です。

ユダヤ＝キリスト教の伝統のなかで、思想史的にもっとも重要なメッセージは「今あなたがいるその場所から立ち上がって、知らない世界に向かって歩み出なさい」という教えに集約されます。自分が閉じ込められている檻から出よ。自分が生まれついた風土から外へ出よ。聖書の発信するもっとも根源的な指南力は、この「外へ」というメッセージに尽くされるのではないかとぼくは思います。

日本人はむしろ「内へ」という根源的な指向が強い。外来のものをどうやって内へ取り込むか。そのことを民族的課題として引き受けてきた。そのことはたしかに一つの強みでもあります。しかし、聖書の最初の教えは、親族がおり、住む土地があり、家産がある人間に向かって、そういうものをすべて捨てて、見知らぬ土地をめざして旅に出なさいというものでした。日本人とはまったく反対方向をめざしている。

ぼくは、今でもどうして「外へ」が根源的なメッセージとなるのか、その理路がよくわからない。でも、それが三千年にわたって地上のある社会集団を方向づけてきたことには深い理由があるに違いないということはわかります。それをぼくは理解したい。

ぼくたちの理解も共感も絶した宗教文化があり、それが三千年続き、いまだに強固な集団を形成し維持し、世界に強い影響力を及ぼし続けているという事実には素直に驚嘆すべきだし、ぼくたちはそこから多くを学ぶことができると思います。

V　神を信じないクリスチャン

田川建三　たがわ・けんぞう

新約聖書学者。一九三五年、東京生まれ。東京大学文学部宗教学科卒業。同大学大学院西洋古典学科を経て、六五年、ストラスブール大学宗教学博士。ゲッティンゲン大学、ザイール国立大学、ストラスブール大学などで教鞭をとり、九九年まで大阪女子大学学芸学部教授。著書に『原始キリスト教史の一断面』『イエスという男』『書物としての新約聖書』『キリスト教思想への招待』など。ライフワークである新約聖書の個人全訳『新約聖書　訳と註』全八冊を刊行中。

聞き手・湯川豊　ゆかわ・ゆたか

一九三八年、新潟生まれ。慶應義塾大学文学部卒業後、文藝春秋社に入社。「文學界」編集長、同社取締役などを経て退社。二〇〇三年から、東海大学文学部教授、京都造形芸術大学教授などを歴任した。一〇年『須賀敦子を読む』で読売文学賞を受賞。著書に『本のなかの旅』『植村直己・夢の軌跡』など。

二千年前の古文書としての新約聖書に真正面から向きあって、反逆者としての生身のイエス像を探りあて、日本の聖書学の地平を切り拓いてきた新約聖書学者・田川建三氏。新約聖書の個人全訳に挑む氏に、七十余年の道のりとそのゆるぎない聖書観についてじっくりとうかがった。（編集部記）

姉に引かれて

――田川さんのご著書を読んでいると、思いもかけなかった新しい角度から新約聖書を学ぶ、あるいはキリスト教について考えるということがあります。そして読んでいくうちに、ふと立ちどまって、この著者はどんなふうにして聖書に出会い、どのような経歴を経て今日に及んでいるのか、知りたいという思いに強くとらえられます。ご著書のなかで、個人的な体験が――たとえばコンゴ（旧ザイール）の大学で教えられたことがあるというようなことがチラッと出てきたりしますが、個人的なことをまとめてお書きになってはいらっしゃらない。

これだけ徹底して、またクリティカルに新約聖書を読んでいらっしゃるのは、どういう経歴に由来するのか。さらにいうと、既存の聖書研究に対して、また現在のキリスト教世界の体制に対してある意味ではアグレッシヴともいうべき姿勢はなぜなのだろう。そんなことを思いながらご著書を読みました。

大きく分けて、二つの方向からうかがいたいと思っています。一つは、田川さんの聖書との出会いから、聖書研究に入っていった経緯とか経歴など、個人史的なことをうかがえればと思います。もう一つは、現在田川さんがいだかれている聖書観についてですが、これは田川さんの聖書学そのものでもあるわけですから、素人の聞き手としてはやはり第一の経歴をうかがうというところから入っていって、折を見て第二の聖書学そのものにも話が及ぶといいな、というふうに欲張ったことを考えています。

ずけずけと個人的なことに入っていく失礼をお許しください。キリスト教徒として聖書に接しられたのは、お若い時からですか。

田川　私は幼稚園の頃から教会に行っていまして、日米戦争が始まったのが昭和十六年、それが幼稚園の最後の年で、戦争が始まる前から姉に連れられていわゆる日曜学校に行っていました。戦争中も女子大生だった姉に連れられて行っていて、教会の聖壇にまで日の丸がかけてある、そういう時代でした。あと、戦後すぐ、疎開から帰ってきて、姉たちにまた教会に連れて行かれて、キリスト教の中学に入って……。そういうわけで、聖書は自分で開いて読む以前から、主なところは耳で聴いて知っていました。

――ご両親がクリスチャンだったのですか。

田川　姉ですね。姉に引っぱられて母親もクリスチャンになりましたけれども。

――田川さんのお生れは東京ですね。

田川　東京のはずれで、多摩川の近くです。姉は東京女子大で、キリスト教の大学ですから、その影響もあったんでしょうね。御本人はやがてキリスト教などどうでもよくなっちゃったという感じなんですが、私は結局はまりこんでしまって。中学、高校とキリスト教の学校に通っていたせいもありますが。駒込にある聖学院という学校です。高校一年の時に洗礼を受けました。

――田川さんの世代ですと、男の子のばあい親が信者で、子どもの頃から教会に出入りしていて、青年期になると逆に教会から離れていくというケースが多いようにも思います。田川さんはそれがずっと離れずにつづいたわけですね。

田川　成長が遅れていたんでしょうね（笑）。私は離れずにどっぷりつかってしまって、つかってしまった後になってから反抗しはじめたわけですよ（笑）。さっきおっしゃられたアグレッシヴというのは、多分いろんなことがあるんでしょう。私自身の性格もあるでしょうし、若い頃からキリスト教の世界にひたって、ひたっているが故に、腹を立ててしまうというようなこともありましょう。留学した頃まではもうちょっとおとなしい、可愛らしいところがあって――ごらんになっておわかりになりますでしょう。子どもの頃は可愛らしかっただろうなと（笑）。

大畠清先生のこと

――ご本を読んでアグレッシヴという印象をもったのは、性格うんぬんではなく、思想上の戦いを辞さないという姿勢についてです。写真も拝見してなくて、どういう方なんだろうと編集部の人たちと話しあったとき、案外に外見は穏やかな方なのではないかという推測が出ましたが、それは当りでした（笑）。ところで、新約聖書の専門家になろうとお考えになったのは、いつ頃ですか。

田川　高校生のとき好きだったのは数学と物理学で、大学ではそれを専攻しようと思いこんでいました。ところが一方でそれこそ熱心なクリスチャンになって、そっちの方をちゃんとやってみたくもなったんです。それで考えたんですが、学校の数学には答えがある。教師がうまく答えが出るような問題を作って、生徒はそれに合わせて答案を書けばいい点がもらえる。いわば作られたクイズみたいなものです。しかしそれで百点をとるのと、本物の数学とでは、話が違うんじゃないだろうか。本物の数学は、何だかわけのわからない仮想の世界を相手にしているようで、どうも自分の性にはあっていないかな、と。

それで、自分はクリスチャンなんだから、キリスト教そのものを勉強してみたい、という思いが強くなっていきました。加えて、これも自分のあまのじゃくな性質のせいですが、高校では、東京大学に現役で何人合格するかが学校の宣伝になりますでしょう。自分がそういう宣伝の道具として期待されている空気は嫌でも感じますから、それにも反発したんです。それで、「東大は受験しません、キリスト教の神学校に行きます」と言い出した。それが職員室でも話題にされたみたいです。

そんな時に、自分のクラスの授業の担任でもなかったある国語の先生が、階段ですれちがった時に呼びとめてくれたんです。「君が腹を立てて神学校へ行くと言い出した気持はわかるけれども、しかし神学校というのは牧師を養成する場所で、本格的な学問はできない。キリスト教について学びたいとしても、やっぱり本格的な学問をやりなさい。だから今はつべこべ言わずに東京大学に行って、そこでキリスト教の学問をやればいいでしょう」。この先生がこっちの心を見抜いて、それを正直に口に出して言ってくれたので、私も素直に従う気になりました。

――当時、東大で聖書学をやるとすると、学科はどこだったんですか。

田川　ちょうど戦後の学制改革の時に、駒場の旧制一高が東大の教養学部になったのですが、その初代の教養学部長が矢内原忠雄先生で、教養学部からも卒業生を出せるようにと、教養学部教養学科なるものを新設なさった。学長が南原繁、矢内原忠雄と二代続けてクリスチャンだった時代ですから、東京大学でも新約聖書の研究ができるようにしようというので、その教養学科の上の大学院に、西洋古典と新約聖書をくっつけて西洋古典学科というのをお作りになったわけです。

そのために矢内原先生が前田護郎を呼んだんですね。戦争前からドイツに留学していて、戦争で危険になる前にうまくスイスの大学に移って勉強を続けたという人。それで私も当然のように、教養学科から西洋古典学科に進もうと思っていました。私の先輩たちもみんなそうです。八木誠一とか荒井献とかも。

二年生の時に進学先を決めないといけないから、一応相談してみようと、前田護郎の研究室を訪れたわけです。私が入っていくと、彼はわざとらしく席を立って、窓際から外を眺め、入っていった私を見ようともしない。それで、「君、何しに来た？」。かくかくしかじか。「あ、そういうことなら佐竹明君にでも相談したまえ。彼は新約学の勉強をしているから」。それでおしまいです。当時私はまだ佐竹さんの顔も名前も知らなかったし、どうやって会えるのかもわからない。しかし前田護郎はそれ以上何一つ言わない。大学の教師とはいえ、ずい分礼儀を知らない奴がいるんだな、と思いましたが、何せこっちは駆け出しの学生、しょげかえって、正門のところまで出て行ったら、たまたま本郷の宗教学科の大畠清先生にぱったり出くわした。私も大畠先生の授業に出ていましたから、先生も私の顔を覚えていてくださった。そこで、しょげかえっていてもしょうがないから、大畠先生にも相談しようかと、実はキリスト教を専攻したいのですが、どうしたらいいでしょうか……。

大畠先生は、「やっぱり一度は文学部で勉強しなきゃダメだ、まず宗教学という広いところの中で勉強しなさい」とおっしゃった。その上で、もしもキリスト教の専門家になるのであれば、新約聖書をやりなさい、と。先生御自身はユダヤ教のラビ文献がご専門ですが、「自分は専門が違うからわからないけれども、できるだけの協力はする。キリスト教をやるんだったら、後世の神学者がどういうドグマを展開したかなどということじゃなくて、出発点をきちんと押さえなさい」とおっしゃった。それもそうだな、と思って、それではっきりと新約聖書学の専門家になろう、という気になったのです。本郷の、宗教学科に進学しました。

大畠先生は、素晴らしい先生でした。教えようとはしないけれども、勉強させようとなさる。この本を読みなさい、というふうに。先生というのはかくあるべきか、と思いました。ドイツの有名な新約学者R・ブルトマンの『共観福音伝承史』という本があるんです。彼の説に賛成するかどうかは別にして、これをしっかり読むことから始めなければいけない、とおっしゃった。しかし、戦後のあの時期ですから、とてもその本が手に入らない。大畠先生があちこちに声をかけてくださって、ようやく、その本をブルトマン自身が短く要約した小さな本が京都大学にあることがわかった。それで、先生が京大の有賀鐵太郎先生とお会いになった時に、頼んでくださいました。有賀先生が見つけて、わざわざ大畠先生に送ってくださったのです。「やっと見つかったよ、これを読みなさい」。あの頃はコピー機なんかないから、写真機で一頁ずつ撮影して、それを自分で現像しました。しかしちょうどそのころ、ドイツでもようやく出版事情がよくなりはじめて、運のいいことに、大学四年生の九月の末でしたが、『共観福音伝承史』そのものが再発行され、手に入ったんです。十月いっぱいかけて読みふけり、それを中心に卒論を書きました。一九五七年です。卒業が翌春。

ストラスブール大学へ

――それから大学院ですね。

田川　大畠先生とも相談して、ここから先はギリシャ語をとことんやらないと仕事にならない。それで、大学院は駒場の西洋古典学科に引越すことにしました。それもよかったですね。生粋のギリシャ古典をやる人たちと同じ学科でしょう。刺激を受けます。ギリシャ古典の久保正彰さんがちょうど何年か先輩で、いろいろ教えてくれたりしたから、非常に有難かった。ギリシャ語を身につける点では、あっちに行ってよかったと思っています。

――大学院の途中でフランスのストラスブール大学にいらしたんですね。

田川　博士課程の三年目の夏です。これにもどうかと思われるような事情があります。

ストラスブールといえば、ヨーロッパのプロテスタントの学問の最大拠点、宗教改革の中心地の一つ。アルバート・シュヴァイツァーもアフリカへ行く前に新約学の教授をやっていた場所です。ですから、ストラスブールに行くのはいいのですが、実は私はドイツ語ばかり一所懸命勉強してきたので、フランス語はできなかったんです。

佐竹さんほかの先輩たちはみんなドイツ政府の国費留学生の試験を受けて、ドイツに留学しました。やはり新約学というのは何と言ってもドイツが中心でしたから。私もそうしようと思っていました。しかし先輩たちはその留学生試験の時には、新約学の専門家になりたいと堂々と胸を張って宣言したわけではありません。そういう風潮ではなかったんです。新約聖書なんて、キリスト教信者が崇めたてまつっているものだから、そんなのは学問の対象にはならない。だから、試験に受かるには、もっと学問になりそうなことを名目として申請して、ついでに新約聖書も勉強します、という程度の形にする方がいい……。

しかし私はすでに西洋古典学科の修士論文をマルコ福音書を主題として書いていた。修士論文を新約聖書だけを対象として書いたのは東京大学始まって以来最初なんだそうです。私はごまかすのが嫌だった。確かに新約聖書を信仰の対象にするのであれば、それは信仰行為であって、学問にはならない。しかし新約聖書は人類の歴史の中に存在し、良きにつけ悪しきにつけあれだけ大きな影響力を持ち続けたものです。それを学問研究の対象にしてはならない、などという法はないでしょう。前田護郎は嫌な顔をしたけれども、敢えて禁止するわけにもいかなかったのでしょう。しぶしぶ黙認した。

それでともかく、私もドイツ政府の留学生試験を受けました。ゲーテ・インスティトゥートがその試験のための予備校みたいになっていて、ドイツ大使館の文化担当官がそこにドイツ語を教えに来ていたから、私も二年ほど通いました。従ってその担当官は、当然留学志望者一人一人のドイツ語の実力を知っている。筆記試験はドイツ語だけ、しかもその担当官が試験をするのだから、私は当然合格すると思っていました。しかしほかに面接があった。こちらは日本人で、日本の独文業界のボスみたいな人物が面接官をしていた。いわく、「君、新約聖書なんぞが学問になるんかね」。そう言われたらこっちもムカっときますよ。それでさっき申しましたようなことをとうとうとまくしたててやった。その大先生、いやあな顔をして、「もういい」。こういう具合に気に入らない領域を学問から排除しようという精神そのものが学問的でない、と私はそのとき肝に銘じました。

結果は、十人が合格、五人が補欠で、私は補欠の三番目。補欠と言っても、慣習的な決まりで、実際には補欠の二番目までは合格扱いですから、私は落とされた受験者の最上位という次第です。しかし補欠に入れられたら、合格者といっしょにドイツ大使館に行って、この度はドイツ政府の国費留学生としてお招きいただき有難うございます、と挨拶しないといけない。しかしまあ補欠最上位だから、来年は合格できるんだろうと思って、また受けました。ちょうど次の年は予算が増えて、十三人が正規合格者で補欠が五人になった。それなら私は前の年に十三番だったのだから、今度は確実に受かるはずです。ところがまたまた補欠の三番目にされた。

それで今度もまたドイツ大使館に挨拶に行きました。大使館に二年も続けて挨拶に行って、実際には留学させてもらえなかったのは、多分私だけでしょうか。だいたい二年目に合格した連中の大部分は、前の年には補欠にも受からなかった連中で、ゲーテ・インスティトゥートの授業でも、失礼ながら、とてもドイツ語が十分に話せるなどという水準ではなかった。それでさすがの私も気に入らなかったので、二度目の時に、大使館の例の文化担当官をつかまえて、「あなたは御存じでしょう、合格した人たちと私のどっちがドイツ語の実力があるのか。それでなぜ私を落としたんですか」と正直に申し上げた。担当官は人のいい人格者でしたが、にっこり笑って、「私もあなたがドイツ語ができることは知っています。しかし、日本人の先生がお決めになることは私にはわかりません」。ああ、これじゃ私は一生ドイツに留学できないな、と思って、帰りに渋谷に出て、当時はまだアルコールなんて飲めなかったのに、ビールを大量に飲んで……（笑）。

当時私は、自分の高校時代の先生のところに部屋を借りて住んでいたんです。後に明治学院大学の学長になられた森井眞先生ですが、彼がストラスブール大学を見つけてきてくれた。ストラスブール大学の神学部は、博士論文を書かせるために世界中から五人だけ留学生を呼ぶ権利を持っていたんです。国費留学生といえば、普通は出先国の大使館が試験して決めるわけですが、ストラスブールは例外的に、神学部が独自に留学生を選んで招く権利を持っていた。森井先生自身がその一期生だったわけです。

ご存知のようにアルザス地方は一八七〇年から一九一八年までの間ドイツ支配下に置かれました。フランスでは、大革命以降徐々に政教分離の原則が確立してきましたから、特に一八七〇年以降は、例外的な時期は別として、国立大学にキリスト教神学部は存在しないんです。唯一ストラスブール大学が例外で、ドイツ時代にも国立大学の中にキリスト教神学部が置かれ続け、聖書学が非常に発達した。シュヴァイツァーはその時期の人です。それでアルザスがフランスに戻ってからも、ドイツ時代の特権がそのまま認められ、ストラスブールだけ例外的に国立大学の中に神学部が存在しつづけた。

森井先生は、「君、ドイツに行くのはよせ、フランスの方がはるかに自由だよ」と言ってすすめてくれました。仏文出身の人だったから、フランスが好きだったということもありましょうが、フランスの大学の方が自由の雰囲気が満ちていたのも事実です。

しかし、そう言われても、私はドイツ語ばかり一所懸命やってきたわけでしょう。フランス語は一、二年生の時に初級をやっただけで、それももうほとんど忘れていた。出発するのは九月ですから、あと半年もありません。森井先生もムチャクチャで、「大丈夫、大丈夫、半年もあれば何とかなるさ」。しかし、とりあえずすぐに、この学生は博士論文を書くだけのフランス語の能力がある、という証明書をフランス人に書いてもらわないといけない。それで、幸いフランス人の神父さんとつきあいがあったものですから、その人に頼みに行きました。彼は自分はドイツ語ができないものだから、新約聖書のドイツ語の文献について何か知りたいことがあると、僕を呼んで質問する、といった間柄だったんですが、ともかく頼みに行って、今は全然できませんが、向うに行くまでに何とかしますから、とりあえず嘘でもいいから書いてください、と頼み込んだ。彼、

「神父に嘘を書けと頼んだのはあなたがはじめてです」と言って笑ってました。

というわけでフランスに出発です。横浜の波止場から船に乗って、マルセーユに着くまで一ヶ月ある。その間に、ストラスブールで指導教授になるE・トロクメ先生のお書きになった学位論文——当時の新しい学問的手法で書かれた斬新な研究ですが（『使徒行伝と歴史』新教出版社、田川訳）、それを船の中で必死になって読んだものでした。

ストラスブールでは苦労しました。最初のうちは何せフランス語ができない。二年四ヶ月かけて博士論文を書いたんですが、博士論文というのは公開の口述試験があるんです。新聞にも予告がのる。学生誰それのマルコ福音書についての口述試験、指導教授はトロクメ教授、というふうに。公開といっても学生が見にくるだけだろうと思っていたら、町の人が六、七十人来て、私の後ろに座って眺めている。私の前にトロクメ先生ほか二人の担当教授。それでトロクメ先生が開口一番、「この人は二年半前に私のところに現れて、たどたどしいフランス語で、自分は博士論文を書くと言った。こんなフランス語で博士論文が書けるわけがないとその時は思いました……」。まあ彼も最初に会った時にはあきれたのでしょう。

マルコ福音書から始まった

――さまざまなご著書を読んでいると、田川さんはマルコ福音書に特別な思いをいだいているんじゃないかと、素人ながら思われてくるのですが、それが多少は当っているとしたら、そうなったのはいつ頃からですか。

田川　大学院で修士論文を書いた時からです。それまでは、マルコもマタイもルカもろくに区別されていなかったんです。正典ですから。四福音書正典と言って、四つの福音書は別々の著者が書いたものだけれども、同一の真理を表現している。相互に相違、矛盾はない。ローマ教皇からそういう勅令が出ていて、カトリックの人たちは大変だったんです。しかしプロテスタントも大部分はほぼ同じ雰囲気の中にありました。だから、四福音書はそれぞれ違うものです、などと言ったら、すぐに干されてしまいます。

先ほど言及したブルトマンというドイツの学者が非常にすぐれていたと思うのは、四つの福音書はそれぞれ別であり、それぞれ異なった意識を持つ人が書いている、という当り前の認識をしっかりと方向づけしてくれているからです。大畠先生が新約聖書をやれとおっしゃってくださったのは、ブルトマンのこの姿勢を学んで出発点の研究をきちんとするように、ということだったのでしょう。それで私は、福音書の中で一番古いのはマルコだから、だったらそこからはじめるか、と最初は単純な動機だったのです。

やりはじめれば、嫌でも違うことに気づきます。誰でも見ればわかるでしょう。マルコとマタイとルカとヨハネでは、全然違う。同じ話が書いてあっても、ていねいに見たら全然違うことが書いてある。それぞれはっきり違うんです。

二〇〇八年の夏に出した『新約聖書　訳と註　第一巻』では、マルコとマタイの翻訳でその違いを細かく指摘する作業をいたしましたが、従来の翻訳がそもそもおかしいんです。マルコのこんなにわかりやすい鮮明な文章が、なんでこんな風に違って訳されてしまうのだろう。それは、同じ話をマタイも書いていて、そのマタイの文をマルコに読み込むから、マルコの文を誤読してしまうのです。そうではない、マルコは同じ話でも全然違う意味のことを言っているじゃないか。だから翻訳そのものをまず直していかなければいけない。

当り前でしょう、これは。同じテーマについて別々の著者ABCが書いた。BはAより後に書いたんだから、Aの書いたものを適当に利用しつつも、違うことを述べようとする。これは当り前じゃないですか。私はだからたいしたことを言ったわけではなく、福音書について当り前のことを言っただけです。もっとも、あの時期にそれを言い切るのは度胸がいりましたけどね。

——ローマ教皇庁が、四福音書は別のものではなく一つの真理をあらわしていると宣言しているのは、何世紀ぐらい続いているんですか。

田川　ローマ・カトリック教会が確立する前の二世紀末からすでに言われていたことです。それが徐々にドグマとして確立して、その後はもはや、十九世紀までは、わざわざ口に出して言う必要もなかったほどです。ほかの可能性なんか誰も考えませんでしたから。しかし学問的な新約聖書学が十九世紀後半から急速に発達しはじめた。十八世紀末からの啓蒙主義の影響が百年後に本格的に顕在化したということです。十九世紀後半になって、新約聖書を批判的学問の対象にしようという流れが強くなった。それに対しローマ教皇庁が反発して、二十世紀はじめに、そういうおふれを出したのです。プロテスタントでも、大多数をしめる正統主義者たちはごりごりに反発して、抑えにかかったんです。日本のプロテスタントなんぞ、ひどいものでした。

——そういう抑圧にもかかわらず、新約聖書をきちんと学問の対象にしようというのが、最近では当たり前の態度とされているのでしょうか。

田川　さすがにヨーロッパの大学では、そういう姿勢が急速に確立するようになって、ローマ教皇庁も御存じヴァチカン第二会議の時に例の教皇勅令を撤回し、聖書学の学問の自由を宣言なさいました。しかし今では、残念ながら、揺り戻しが来ています。ヨーロッパでは一九七〇年代からずっとキリスト教の力が落ちてきていますでしょう。本気で学問をやろうというすぐれた学生がキリスト教神学部には来なくなったんです。かわりにキリスト教の教会の中で安穏に地位を守っていたい人たちが神学部に集ってくるから、七〇年代ぐらいからまた急速に昔風のスタイルにもどりつつあります。しかし一度確立したものはもうごまかせませんから、四福音書に関しては、右の指摘は今では一応常識になっています。一応、ですが。

――一般論としてですが、現在キリスト教の衰退について、はっきり目に見えるようなかたちがあるのですか。

田川　私が留学した当時、六二年から六五年ですが、日曜日にはどこの教会に行ってもびっしり満員でした。今は満員どころではありません。

たとえばストラスブール大学の本館のすぐ近くにあるサンポールという教会。以前は日曜日といえば教授や学生たちが大勢集って来て、座れないぐらいだったのが、八九年に私が二度目の客員教授として行った時には、教会堂を暖める暖房費も節約しなければならないというので、日曜礼拝も裏の牧師館の部屋でやっていました。二十畳もないぐらいの部屋です。そのぐらいに人数が減ったのです。かっこいい擬似ゴチックの大きな教会堂は何に使っているかというと、展覧会場に貸したりしていました。

これはヨーロッパ全体の状況です。フランスが特に激しいんですけれど、ドイツでも似たりよったりです。

それでも日本と違って長い伝統がありますから、ある程度は支えられていますけれども。まあ波がありますから、また盛り返してくるかもしれません。ヨーロッパのキリスト教神学部の伝統はすごいから、かなり高度な水準は保っていますが、新約聖書学については、今は、護教論の方向に揺り戻されている時期と言えるでしょうね。

存在しない神に祈る

――ストラスブール大学の二年数ヶ月で博士論文を書かれ、博士号を取った。そのこと自体がすごいなあと思いますが、田川さんはその後どういう経歴になるのですか。

田川　日本に帰ってきて、国際基督教大学の教師になりました。

――助教授ぐらいに？　それとも講師から？

田川　助手です。これもびっくりしました。ヨーロッパではこれから博士論文を書こうという人が助手になるんです。博士号を取れば講師以上になれる。それを、ヨーロッパで博士号を取ってきた人間を助手で雇おうというのですから。しかも私は新約聖書概論を講義することになっていました。これはあそこの人文学科の中心課目の一つで、全学生必修です。普通は正教授が担当する課目。それを身分は助手にしておいて担当させたのですから。他の重要課目もいくつも担当させられました。何と申しますか。

——国際基督教大学にいたのは何年間ですか。

田川　五年です（一九六五〜七〇年）。全共闘の時代です。この五年間の話は最近新しい版の出た『批判的主体の形成』（洋泉社ＭＣ新書）でかなり詳しく書きましたので、詳細はそれにゆずることにして、かいつまんで。

学生たちが入学受験料が年々急速に値上げされていくのがどうもおかしいというので（実際、他大学と比べてもかなり高く、しかも毎年値上げされていった）、大学当局と面談して疑問点を問いただそうとした（事実は当時、あのちっぽけな大学がそういうことに手を出す資金なぞないくせに、日本で最初にマークシート式の入学試験を開発しようとしていて、そのための費用が非常に高くかかるから、それを受験生の受験料に転嫁したのです)。しかし大学当局は学生たちと会うことも拒否。学生側はそれに抗議して本館を封鎖した。この件は、私から見て、学生の側に百%の理があった。せめてちゃんと会って、丁寧に説明すればいいのに。そして大学側は、その封鎖に参加した学生六十数人を退学ないし無期停学にしたんです。中にはまったくの誤認で、関係のない学生まで何人か間違えられて処分されてしまった。

その後私は就任三年目でやっと常勤講師に昇格したので、教授会にも出席するようになったんですが、そうなれば当然学生たちの言い分を弁護します。教授たちは学生が怖いから、誰も直接学生たちの前に出て話し合おうとしない。いろいろあったあげく、私が学生部副部長代理なる奇妙な職名で(笑)、学生との大衆団交の責任を持たされた。学長が消え、学部長も逃げだし、学生部長は「病気」になって、学生と折衝できる立場の人間が私一人しかいなくなった。しかしそうなれば結果は知れています。学生に理のある点は私が「大学」の名で全部認め、以前の不当処分を詫び、等々。しかしその間に、逃げていた大学当局の主要メンバーが画策して、一方的に学生を弾圧し、追い出すことに決めていた。一九六九年秋に警視庁機動隊を導入し、大学を封鎖。気に入った学生だけを集めて授業再開。そして私は大学教師でありながら全共闘運動に加担した者として、翌年の四月にくびになりました。

しかし、国際基督教大学が私をくびにした裏の理由の一つは、私がキリスト教に対してとことん批判的にものを言いつづけたからだろうと思います。こんな奴を聖書学の教師にしておくわけにはいかない、ということでしょう。

たとえば毎週一回学生たちを集めて礼拝が行なわれるんですが、私も礼拝説教なるものを担当させられる。そういう時に私も平気で、「神は存在しない。神が存在するなぞと思うな。ただ、古代や中世で神を信ぜざるをえなかった人たちの心は理解しようではないか」と。『批判的主体の形成』にのせた「存在しない神に祈る」という文は、元は、その礼拝の場でしゃべったものです。授業なら学生しか聴いていないけれども、礼拝となると、同僚の教師たちや大学当局の人間も聞きにきます。それで、あれはやはりまずい、となったのでしょう。

国際基督教大学をくびになったということは、当時の教会、日本のプロテスタント教会から追放されたに等しい感じがありました。最初のご質問のなかで、私がアグレッシヴであるという言葉が出て来ましたが、私としては、相手がそこまでやるんだったら、こっちもやってやるよ、というのがあったと思います。

――神は存在しないということを明確に意識されたのはいつ頃ですか。

田川　たぶん大学院の学生の頃からだと思います。そういう意識がなければ、逆に、新約聖書を学問の対象にすることはできなかったでしょう。

逐語霊感説というのをご存知ですか。聖書は一単語ずつすべて神の霊を受けて書かれた。だから一単語といえども間違いはない。間違いがないどころか、相互にいかなる矛盾もない。私の『新約聖書　訳と註』をご覧になると、たとえば、この著者はギリシャ語が不得手だからここのギリシャ語を間違えたんだ、というようなことが当り前のこととして書かれています。まあもちろん、彼らにとってもギリシャ語は母語ないし第一言語ではなく、やっと覚えたたどたどしい言葉という程度の人もいるわけだから、それは当然のことです。個々の点についての私の意見が正しいかどうかは別として、そもそも著者がギリシャ語の文法や語法を間違って書いていたら、学者の仕事としては、正直にそれは間違いです、と書くのが当然のことでしょう。しかし逐語霊感説が支配していた時代には、また今になってもそれではあまりに安手の新興宗教めくから表向きは引っ込めても（引っ込めない連中も大勢いますが）、実際には同じ姿勢が神学者たちを支配しているわけですが、その連中にとっては、もったいなくも聖書の著者がギリシャ語の初歩を間違えたなんぞということは、考えることさえありえなかったのです。
さすがに私だって、この種のことを正面切って露骨に宣言し続けたら、キリスト教の世界で食っていけなくなるな、とは考えましたよ。しかし留学から帰ってきて大学の教師になった頃には、もう嘘をつくのはやめよう、正直にものを言おう、と決心していました。国際基督教大学では学生たちはこの姿勢を評価してくれていたと思います。多くの学生が喜んでくれました。しかし学生の中で新約聖書を専攻しようとしていたごく少数の連中は、私にむきになって反発しましたね。自分たちがこれからせっかく伝統的な信仰の護教者になりたいと思っているのに、変な教師が入ってきちゃって困るね、と。

無神論というより不可知論

――クリスチャンというのは何をもってクリスチャンというのか。資格の問題ではないわけでしょうから。洗礼を受けるということを少しわきに置くと、そのへんに私たちにはよくわからない部分があります。神は存在しないと考えているキリスト教徒があり得るんですか。

田川　私はあり得ると思います。あり得るというより、それが立派なクリスチャンだと思っています。まわりにクリスチャンがいらっしゃったら、一人一人お聞きになってみればすぐにわかりますよ。この人が考えている神様とあの人が考えている神様は全然違うということが。つまり神とはそれぞれの人間が勝手にでっちあげるイメージです。それだったらむしろ、神なんぞ存在しないと言い切る方がクリスチャンらしいじゃないですか。我々はもうそういう人間がでっちあげた神を信じる宗教信仰に頼るのはよした方がいい。それをやめたからってキリスト教が二千年間培ってきたものが全部消しとんでしまうわけじゃありません。彼らが古代人、中世人であった時には、神を信仰するのが当り前な世界だった。しかし神を信じるという形式の中であっても、彼らが作ってきたものが実に豊かにあるじゃないですか。これに目を向けてもらいたい。これを十分に評価し、みずからのうちに受け取っていくことの方がキリスト教をよく継承する道だ、ということを書いたのが『キリスト教思想への招待』（勁草書房）です。

――あのご本を読んで、キリスト教思想へのすごい入門書だと思いました。初めのほうで、田川さんは創造信仰に触れています。大地に種を蒔いて、あとは夜昼、寝たり起きたりしている。そうすると人が知らぬ間に種は芽を出し、生長し、この大地におのずと実を結び、やがて収穫の時がくる。この世界は恐ろしいほど合理的ではないか。人間はこの精緻に合理的な世界のなかで生かされている存在である。人間は自分で自分を造ったわけではないし、この合理的な世界を造ったわけでもない。神など存在しなくても、人間が被造物であるのはたしかなことではないか。そういう考え方が、第一章の中核にありました。しかし、そうなると、神はこの不可思議にも合理的な世界を造ったものとして、ついすぐその先に存在しているのではないか。私にとっては、その思想が一番感動的でした。

神に接近しているような気がする。しかし一方で、キリスト教会が作った三位一体という宗教思想がこちらの理解を絶するところにある。この二つのことは、どう関係するのか、あるいはしないのか、きょうお会いしてうかがえればと思ったのです。

田川 私の考えでは二つあると思います。一つは、人間が理解し得る範囲をはるかに超える巨大な世界があって、この地球だけ考えたって、そこでの生命の営みだけを考えたって、その中で人間は実にちっぽけな存在である。これは主としてストア派と、旧約聖書の創世記一章、この二つの流れがあるんですが、どちらも、そういうことを考えると自然に創造神の信仰に行きついた。全体を理解するためには、その全体を造った神におのずとたどりついた、ということです。

もう一つは、しかし、いったん神に行ってしまうと、今度は自分が考えた神から全部を説明しようとする。逆もどりの道です。そしてこの道をたどると必ず間違える。この神は、しょせん人間たちが勝手に考えて理論化した神ですから。おまけにかつて地上に生きていたイエスと結びつけなきゃならない。それは無理です。しかし彼らはそこをつなげて、イエス・キリストは神である。神の子であるなら、キリストも神だ。しかしそうすると神様が二人になってしまって困るから、屁理屈を弄して、三位一体ということにしよう……。そうなると出発点の、なぜ自分たちが神を考える必要があったのか、というところが消しとんでしまう。

いま人類がようやく再び気づきはじめているわけでしょう。我々を取り囲んでいる自然によって我々は生かされているのだと。人間が自然を、その恵みを、どうこう操ることができると思うのは人間の思いあがりであるということを、やっと人類全体が気づきはじめた。まだほんの少しだけですが。しかしこれだけ自然環境を破壊しちゃったから、気づかざるをえなかった、ということです。

しかしここからまた神に行くかどうかは、もはやどうでもいい。行く必要なぞありません。世界の中で我々は、自然によって生かされている存在であるという、そっちの方をしっかり理解しようではないか、というのが、私が言いたかったことです。その意味では、私は無神論というより不可知論です。

積極的に神を考えようとすると、どうしたって自分が神の像をつくるじゃないですか。そのとたんに神は神でなくなる。人間がつくる神のようなもの、というにすぎなくなる。旧約聖書の時代には、神の像を刻んで拝んではならない、と言っていた。このことを拡張して考えると、単に彫刻をつくることだけじゃなくて、自分の頭の中に神の像をつくり、神という理念をつくり、その神によってすべてを説明する、というようなことになってはならない、ということじゃないでしょうか。そうなると、人間が神の被造物であるのではなく、神を人間がつくってしまっている。人間がつくった神によって人間社会を支配することになってしまう。いや、これはカール・マルクスが言っていることですけどね（笑）。

――二十世紀後半には、いよいよ自然科学が発達して、この世界が分子レヴェルにまで細かく分析され、世界の成り立ちが把握できるようになった。しかし自然科学が世界の成り立ちを解明すればするほど、この世界がはかり知れぬ精緻さでできていることがわかる。世界が巨大化するといってもいいと思うんです。そして巨大化すればするほど、認識上の細い道を通って、はかり知れぬものの存在、それを黙々とつかさどっている神のような存在の近くに行けるのではないか、と思えることがあります。

田川　その道に入り込んで、神信仰の宣伝をやらかした自然科学者が、たとえば、晩年の湯川秀樹さんです。私も詳しく知っているわけではありませんが、こういう人を引っぱり出す方が悪いのだけれども、宗教関係者が湯川秀樹さんを好んで引っぱり出して、彼に、この巨大な自然世界を見ればやっぱり神は存在する、だから神を信じなさい、だから宗教は大事です、と言わせたがった。そうすれば、既存の宗教体系は丸ごと肯定されることになるでしょう。人はおだてられると嬉しくなるから、湯川秀樹さんもついそういう誘いにのって、宗教宣伝のお先棒をかつがせられてしまったわけです。

しかし逆にこれは自然科学者の思いあがりです。すぐれた自然科学者であれば、正確に探究しているから、この先は我々には知りえない、という限界も知っているはずです。しかし良心のある学者であれば、そこで立ち止まるべきだと私は思います。知ったような顔をして、その先に神が認識できます、などとしゃべって歩いてはいけない。私が不可知論と言うのは、知らないことについては、とことんまで何も言うな、ということです。少なくともその方が謙虚だと思います。わからない巨大な無限なものが向うに広がっているというんだったら、正直に、その先はわからないのです、と言って、あとは黙って頭を下げればいいじゃないですか。それを知ったような顔をして、神とか何とか言ってしまうと、もうすでにわかったことになってしまう。下手にわかろうとするから、神とか何とか言いたくなるんです。

——なぜかしら溜め息が出るような認識世界ですね。しかし神は存在しないと言うキリスト教徒がいるということについては、感覚的にわかったような気もします。

田川 私の言ったことが正しいかどうかについては、いろいろお考えがあると思います。しかし私がクリスチャンであるということはお認めいただけると思います（笑）。

ゲッティンゲン大学へ

——さて、それで国際基督教大学をクビになったところに戻ってください（笑）。

田川 その後二年ほど非常勤でフランス語を教えたりして食いつないでいたのですが、捨てる神あれば拾う神ありで、たまたま知り合いだったスイス人の新約学の人がゲッティンゲン大学の教授に就任することになった。彼が「おまえ、クビになって食えないんだろう」と言って、呼んでくれたんです。教授は学術助手を一人呼ぶことができるんです。これは迷いました。もう私はドイツ語よりはフランス語の方が楽になっていましたから、「いまさらドイツ語で授業をやるのか」と思いましたけれども、食えないからしょうがありません。ゲッティンゲン大学に参りました。

――学術助手というのは、研究生活が主ですか、やっぱり授業ですか。

田川　日本の専任講師よりは地位が高く、ほぼ助教授と専任講師の間というか。仕事はなかなか大変でした。主な講義は教授がやる。学術助手というのはその下請けのようなもので、プロゼミナールというのを担当する。つまり専門の本格的な演習ではなく、専門の勉強をする前の準備段階。新約聖書学をやるには、これこれこういう勉強をして、知識を身につけておかなければならないという予備知識を学生に訓練する作業をプロゼミナールと呼んでいて、主としてそれを担当しました。

学生がひとりひとり、じつに千差万別の質問をするわけですよ。それに当意即妙に答えなきゃいけない。それもたどたどしいドイツ語でしゃべるんですから。これは教壇に立って一方的に講義をするよりよほど大変だと思いました（笑）。

――ゲッティンゲン大学にはどれぐらいいらしたんですか。

田川　二年間です。結局、私はドイツの大学の、序列でこり固まったような雰囲気にどうしてもなじめなかったんです。私を呼んでくれたスイス人の友人も、呼んでくれたらいきなり威張りだして、私を指導しようとしはじめたんですね。教授資格取得の論文を書かないかと。それはやってもいいかな、と思っていたんですが、この人、やたらとお節介に指導したがる。人はいいんだけれど、まさか、彼の程度の水準で私を指導しようなんて失礼な。

それにやはりフランス語の方が楽でしたから、やっぱりフランス語の世界に戻りたいなと思っていたんです。そんなある朝、一通の手紙が届いた。アフリカのザイールの大学の教授にならないか、という誘いでした。朝飯を食う前に手紙が届いて、食い終った時には、行こう、と決断していました。それが一九七四年の春です。

なぜそういう手紙が舞いこんできたかというと、ストラスブール大学に留学していた時、学生寮の廊下をはさんだ部屋に、ザイールつまり現コンゴからの留学生がいたんです。三人いて、彼らはおしゃべりだから、しょっちゅう廊下に出て大声でしゃべっていた。私は朝起きるとすぐににぎやかなコンゴ語のおしゃべりを聞かされて、俺はいったいどこに留学しているんだ、という感じもありましたけれども、彼らとそうとう親しくなりました。

その中で一番年長だった男が、帰国して偉くなって、教会のナンバー2になった。そしてストラスブール大学のトロクメ先生のところに、キンシャサの大学で新約聖書学を教える先生がいないかと、照会してきたんですね。トロクメ先生は、「いま田川がヨーロッパに来ている。ドイツにいてもしょうがないからザイールに呼んでみてはどうか」という返事をされた。それで私のところに手紙が舞い込んだという次第です。

六〇年代になってアフリカ諸国がどんどん独立していった。いわばみな新興国です。そういう世界に行って協力できたら、という思いもありました。

――コンゴ川をはさんで、ザイール（現コンゴ民主共和国）とコンゴ人民共和国（現コンゴ共和国）と二つの国がありますね。

田川　私が行ったのはザイール国立大学キンシャサ校。ザイールは旧ベルギー領で、まわりの人たちがしゃべっていたのはベルギーなまりのフランス語です。

そこの客員教授として二年間いたのですが、人生最大の経験でした。あとから考えてみて、神は存在しないと言いながら勝手な言い分ですが、この体験を与えてくださったことを神に感謝しています。国際基督教大学をクビになったこともまた、存在しない神のおかげでしょうか。一生あの大学に飼い殺されて、「神はいない」なんぞと言ったら文句をつけられるんじゃないかとびくびくしながら生きるのではなく、ゲッティンゲン大学で教え、キンシャサの大学で教え、戻ってきてストラスブール大学の客員教授になり、世界のいろんなところで生き抜いてきた。それがあって初めて『イエスという男』が書けたので、私はその神様に感謝しています。

ザイールの大学ではめずらしい立場だったんですよ。アフリカの大学に行く白人の教授というのは、援助計画で行くから、任命権も援助する側にあり、給料もそっちから出ます。しかし私はザイール人の大学組織から直接任命されたので、身分的には、彼らザイール人の教師とまったく同じです。そういう教師は私一人でした。

そのせいで学生たちが私を見る目も違っていたと思います。援助計画で送りこまれてくる白人教師に対する彼らの不信感は非常に大きいんです。ベルギー人とフランス人が主としてやってくるわけですが、要するにもと植民地支配者ですから。ほかにアメリカの宣教師が客員教授になっていますが、これはアメリカのキリスト教団が送りこんでくる。学生たちにとってはすべて白人支配者の手先で、何かがあればその人たちは結局向う側の事情を優先する。行く時はそんなことはわかりませんでしたが、行ってから、ああ自分は彼らと違う立場だから学生たちに歓迎されたのだな、と気がつきました。

ザイールでの暮らし

——大学は、キンシャサの町の中にあるのですか。

田川　広大なキャンパスが郊外の丘の上にあって、敷地の端から端まで歩くと一時間じゃたどりつけないくらい。そこに大学の建物も教員住宅もある。と言っても、すさまじい住宅でしたけれども。

——そこで炊事洗濯を全部ご自分でおやりになるんですか。

田川　行商が来るんです。学生数一万、教員も千人くらいいたかしらん。だから十分商売が成り立つんです。行商人は朝早くから二時間ぐらい歩いてやってきて、一軒ずつ野菜を売って歩きます。キンシャサはアンゴラの国境がすぐ近くで、アンゴラ内戦の時代で難民が大勢キンシャサに来ていました。その難民たちが野菜の行商をやっていた。

マニオクという芋をご存知ですか。日本でタピオカと呼んでいる、あの仲間ですね。牛蒡の巨大な奴です。乾燥させて粉にひいて食べる。私もそれを食べていました。これは独得のにおいがあって、熱帯だから汗をかきますでしょう。するとこの芋独得のにおいが汗になって出ますから、土地の人に近づくとマニオクのにおいがするわけです。日本の商社の人なんかはそれを嫌がってあまり食べないんですが、私はそんなに金もないし、土地のものを食っているのが安くて一番うまいから、毎日マニオクを食べていました。そのうちにアフリカ人のにおいがするようになりましたよ。

で、野菜の行商人が来て、だんだん親しくなっておしゃべりもするようになる。向うが私を試したんだろうと思うんですが、水を一杯くれというので、ガラスのコップに冷蔵庫で冷やした水を入れて出した。次に来た時、「白い人が自分たちの使うコップで水を飲ませてくれたのは初めてだ」と言うんです。普通は缶詰の空き缶で飲ませてくれればいい方だ、と。

あの土地に二年もいれば、白人は、少なくとも何回かは泥棒に入られるものです。でも私は、最初の一週間の間に、洗濯して干しておいたシャツを一枚盗まれただけで、あとはいっさい泥棒とは縁がありませんでした。地元の人たちは互いにつながっていますから、ここに住んでいる白人がどんな人間であるかは、すぐに彼らの間で知れわたってしまうんです。

それに、生活の一挙手一投足がすべて見られていますからね。ガラス窓でカーテンなんかない家ですから、全部見える。寝室だけは隠れるんですが、朝起きて居間に出てみると、ガラス窓に三、四人の顔が並んで、こっちを覗いている。家事使用人として雇ってもらいたいんですね。

――そういう環境のなかで、やはり新約聖書学を講義されたわけですか。

田川　私が行ったキンシャサの大学にプロテスタント神学部ができたのは一年前。ところがザイールはモブツの独裁政権で、私が着任した直後にモブツの気が変って、フランスの政教分離の真似をする気になったんですね。神学部は今年限りで閉鎖と決まり、仕方がないから、アメリカのプロテスタントの教派が作った小さな学校の建物に移って、そっちで独立の学部として授業を続けるようになりました。それで、教室の机だの椅子だの図書室の大量の本だの、学部の財産を全部引越さないといけなくなった。何せ私は学部の教務部長兼図書館長までやらさせられていましたし、学部長は新出発のためのさまざまな交渉で忙しかったから、私が引越の全責任を背負わされて、業者に引越を頼んだりする金はないから、学生たちにアルバイト料を払って動員し、私も若かったから、と言っても四十歳でしたが、学生と一緒に三階から机やら椅子やらをかついで下ろす作業をやったり、いろいろ大変でした。

全部運び終って、近所の市場でコカコーラを買ってきて一緒に休憩した時に、学生の一人が「白い人が我々と一緒に物を担ぐ労働をしてくれたのは初めての体験です」と言うんですね。こういった具合に、一挙手一投足にわたって、植民地支配の傷跡が今でもいろいろうずいている。それが肌身を通して伝ってくる感じでした。

——学生の数はどれぐらいですか。

田川　一クラス四十人ぐらい。

——けっこう多いですね。

田川　多いですよ。しかもその四十人の授業での反応がなかなかのものでした。ザイール川、白人はコンゴ川と呼んでいますが、ザイールという単語は本来「大河」という意味です。その川を下って河口まで行くと、その向う側はガボンです。ガボンは、アルバート・シュヴァイツァーが病院を作って有名になったところです。アフリカに近代医療をもたらしたということでノーベル賞をもらい、世界中で褒めたたえられました。

シュヴァイツァーという人は新約聖書学者としては非常にすぐれていた。従来のドグマにとらわれず、説得力のある学説を打ち出して、なかなか良い仕事をしたんです。それで私は授業で新約学者シュヴァイツァーの業績にふれようとして、「あなた方もご存知のアルベール・シュヴァイツェールは……」と言ったとたんに、「アンペリアリスト！」（帝国主義者）という合唱です。

彼らはシュヴァイツァーというと、ここに病院を作ったことしか知らない。その病院というのが、彼らから見れば何とも腹立たしいものだったんですね。要するに、アフリカ人には自分の使うコップで水を飲ませることはしない、という態度です。彼の有名な言葉の一つで、「アフリカ人は愚かだから、医療を教えても無駄である。助手として使うこと以外はできない」。もちろん私もシュヴァイツァーの名前を出せば学生たちがどう反応するかぐらいのことは頭に入っていましたから、ランバレネの病院で彼が実際にどういう治療をしていたかの実例を彼の日記から紹介して、たとえば、「手術した、病気は治った、患者は死んだ」などという文章が平気で出て来るし、つまり手術の人体実験をやって喜んでいたのですが、あるいはアメリカやスイスの製薬会社から開発中の新薬を無料で寄贈してもらって、その新薬の人体実験もやっている。そういう話を紹介して、シュヴァイツァーという人は露骨に植民地主義者であった、しかし、学問の業績というのは冷静に観察しないといけない、一方でそういう人間であったとしても、新約学者としてどういう貢献をしたかは、もう一つ別の問題だ、というような話をしました。

確かにシュヴァイツァーは、あの時代であれば、彼なりに頑張ったとも言えなくはないのですが、しかし、現地の学生からすれば、名前を口にしたとたんに「アンペリアリスト」となるんですね。これは、事実ですから、当然です。その学生たちを相手にしているのですから、毎日教室でしゃべる一言一言が文字通り真剣勝負みたいなものです。

貧しい者は幸いなのか

――『イエスという男』のなかで、「幸いなるかな、貧しい者」という聖書の一節を論じたところで、ザイールでの体験がチラッと語られていましたね。

田川　さっきの野菜売りの行商ですが、アンゴラ難民のダヴィドという名前の人ですけれども、死んでしまったのです。ダヴィドには兄さんがいて、この男も野菜売りをやっていて私もよく顔を合わせておりました。子どもを四、五人かかえていたんですが、結核になった。治療する金なんかないから、どんどん悪化して痩せていった。そしてとうとう来なくなったので、ダヴィドに聞いたら、結核で死んだ、という。彼はその子どもを全部引き取って、自分にも何人も子どもがいるのに、これをみんな育てないといけないから大変なんだ、と。しかし、今度は、ダヴィド自身がなかなか来なくなったんです。そしてある時、野菜を担がずにやって来た。彼にしたら、お別れに来たんでしょうね。

自分も結核になった。野菜を担ぐ体力がなくなったので、もう来れない、申し訳ないと、私のことを心配してくれている。見たところもうひどくやつれているので、もう助かるまい、と思われましたけれども、百ザイール、当時の私の給料の半額を渡して、「お金をあげるのは失礼だけれども、早く病気を治して、このお金の分だけ私のところに野菜を届けてくれたらいい」と申しました。彼は「だったらこれは預ります」と言って、などりおしそうに帰っていきました。それが最後でした。

そういう世界でしょう。学生の前で貧しさの問題について話をするのは大変なんですよ。賢い宣教師だったら、避けて通る問題です。しかし、福音書の話をしていて、「幸いなるかな、貧しい者」という一番有名なせりふの一つを避けるというのは、見え見えじゃありませんか。私はこれを正直にぶつけようと思って、「あなた方は本当に貧しい者は幸いであると思っているのか。あなた方はキリスト教の牧師や教師になるんでしょう。それで本当に貧しい者は幸いだと思うのですか」。彼らはいっせいに声をそろえて答えた、「ノン」。

それであの本で書いたような話をしたのです。貧しい者をつかまえて、「幸いなるかな、貧しい者」と宣言してみたとて、何の意味があるのか。貧困は苦痛なのだ。幸福であるわけがない。しかしそれなら、幸いなのは豊かな者だけなのか。そうであってはならない。この世でもし誰かが祝福されるとすれば、貧困にあえぐ者を除いて、誰が祝福されていいのか。この言葉には、そのようなイエスの思い、私の言い方で言えば逆説的反抗者としてのイエスの思いがこもっている。そういう話をしたんです。

――ザイールには二年でしたか。

田川　ええ。学部長はこの学部を維持しようと、寄付をつのるために世界中を飛びまわっていましたが、結局学部そのものも三年ぐらいでなくなりました。

私自身は契約が二年でしたから、その後ひとまず日本に帰って、帰ってからゆっくり職を探そうと思っていたら、ストラスブールのトロクメ先生から連絡があったんです、「アフリカで二年間苦労して疲れただろう。一年間ストラスブールで客員教授をしたらどうだ」。疲れたろうから休めというんじゃなくて（笑）、授業をいくつも持てというんですね。まあトロクメ先生もだいぶ年をとって、学長になって以後は忙しくなったし、自分で講義をするのが大儀なんですよ。しかし、ストラスブール大学の神学部で新約聖書学の講義をやれと言われたら、それは張り切ってやらざるをえません。ザイールとは別の点でまた大変でしたけれども。

新約聖書のギリシャ語

――一九七〇年代前半からゲッティンゲン大学、ザイール国立大学、そしてストラスブール大学と、その経歴だけをうかがってもちょっと想像がつかないようなものがありますね。

田川　特にアフリカでの体験は、さまざまな意味で重かったのですが、一つ申し上げておく意味があろうかと思うことがあります。

新約聖書をやる上で非常に大きな体験だったのは、言語なんです。植民地と言語の関係ですね。植民地全体を支配する言語というものを身をもって体験することができた。十九世紀末から二十世紀前半のアフリカの植民地支配と、ローマ帝国の領土支配はある意味で非常に似ている状況なんです。

植民地支配は民族の間の垣根をぶち壊して、かきまわす。たとえば、ベルギー支配地で軍隊をどこから連れてくるか。言われてみれば当り前かもしれませんが、私は全然気がつきませんでした。植民地だから、ベルギー人の軍隊が駐留していたのだとばかり思っていたのですが、兵隊は全部現地採用なんです。その兵隊たちを少数のベルギー人の将校があやつっている。しかし現地で採用した兵隊を直接その現地に置くとすれば、兵隊たちは現地の人々の家族であり、仲間でありますから、彼らを武力をもって支配するどころか、その武力によってベルギー人支配者に歯向かうかもしれない。だから、少しずつ土地をずらして、違う土地に送りこむんですね。実はこれは古代においてローマ帝国がやっていたのと同じやり方です。

ローマ帝国は戦争で勝利したら、その土地の人びとを奴隷として別の土地に連れていく。あるいは奴隷から解放してやって軍隊に採用する。その軍隊も違う土地を支配するために派遣する。近代ヨーロッパ帝国主義のアフリカ支配と基本的な構造は似ているんです。

伝統的なアフリカの民族は一つ一つは小さく、我々が考えるような「民族」よりもずっと人口は少ない。しかしそれぞれ言語が異なる別々の民族です。生活習慣も異なる。これを植民地支配が破壊する。たとえば都市に労働者として連れてきて働かせる。ごたまぜにする。そうすると、共通の言語が必要になるんです。

ザイールには二百の言語があると言われていますが、相互の交流のためにも、広域共通語が必要になる。兵隊もあっちこっちから連れてきて、これを植民地支配の基本の武力として置くわけですから、兵隊どうし互いに通じる言語が必要になる。それでベルギー支配者は大きく四つの広域共通語を設定した。これはもともとは、植民地以前から、土地の諸民族が互いの通商、交流のために、発達させていったものですが（その代表例が東アフリカのスワヒリ語。ザイールではザイール川中流上流地帯の広域通商語であったリンガラ語）、植民地支配者はそれを更に制度化し、その四つの上に全体を支配する言語としてフランス語を置いた。植民地支配というのは、言い換えれば、広域共通語による支配なのです。

それと同じ現象が、古代ローマ帝国支配下の地中海世界のギリシャ語だった。たとえば小アジアでは、比較的小さい民族がくびすを接して多数存在していた。私がすぐに思い出すだけでも、十以上の違う民族が存在した。ガラティア人、フリュギア人、リュカオニア人等々、全部言語が違う。ただ、ヘレニズム商業支配下ですでにあちこちに都市が発達しはじめていた。都市にはいろいろな地域から人が集るから、通商の必要だけからしても、共通語が必要になる。それがギリシャ語です。ローマ帝国以前は、ヘレニズム諸王朝がこの世界を支配していたから、ギリシャ語が広域共通語になったのです。というよりも、広域共通語としてギリシャ語が支配していた世界を、我々が現代世界史の言い方で「ヘレニズム世界」と呼んでいるのです。

そこにローマ帝国が入って来た。彼らはいまさら支配の言語としてラテン語を押しつけても成功しない。それで結局、帝国の東側では支配の言語としてギリシャ語を利用し続けた。これは元々は人造語ではなく、ヘレニズム支配の経済的文化的中核であったギリシャ人の言語ですけれども、しかし、もともとギリシャ語を話していなかった広い世界の人々のところに急速に広まると、いやでも、非常に通俗語化する。古典期のアテーナイとかコリントスとかで用いられていたいわば生粋のギリシャ語から見れば、かなり崩れてくる。要するに崩れた通俗語のギリシャ語が支配している世界です。

――おもしろいですねえ。アフリカの植民地支配を見ることで、ヘレニズム世界がどういうものであったのかを推察したということが。われわれはヘレニズムというと、すぐに文化的側面を考えるけれど、実際は通商が一つの世界をつくりあげていた。

田川　ええ。そしてこのギリシャ語はあまり方言化していなくて、小アジア、シリアのギリシャ語とエジプトあたりのギリシャ語がわりあい共通している。我々は「方言、方言」と言うけれども、それは、その土地の人々が長い伝統の中で自然に自分たちの言語として発達させたものです。それに対しこの種の植民地広域共通語はいわば人為的な現象ですから、方言として自然に発達することはない。人々にとってはどのみち自分の言語ではなく、生きるためにやむなく用いている第二言語である。それに広域共通語であるためには方言の違いなどない方がつごうがいい。世界が通商で動いているから、言語的にも閉鎖的じゃなかったんですね。

しかし方言化を気にする必要があるのはユダヤ人のギリシャ語の場合です。ユダヤ人だけはヘレニズム都市の中でもユダヤ人だけの集落を作っていて、商売上の必要では他民族と交わるけれども、それ以外は閉鎖的です。そうすると、ユダヤ人ギリシャ語というのが形成されます。それに旧約聖書のギリシャ語訳を通じてセム語（ヘブライ語とアラム語）の要素がユダヤ人ギリシャ語に多く入り込んでくる。

――そういうユダヤ人ギリシャ語はとくにマルコ福音書で顕著に見られるものなんですか。

田川　いや、ユダヤ人出身の著者のものは全部そうです。ただし気をつけないといけないのは、ある意味では便利なんですね。新約聖書には伝統的なギリシャ語の常識からは理解できないような単語とか表現がたくさん出てくる。そうすると、安直な学者はすぐに「これはユダヤ人独得の、聖書的ギリシャ語だ」とレッテルを貼って、それでわかったことにしてしまうんです。しかし彼らの言う聖書的ギリシャ語とは何かというと、キリスト教のドグマに合うようにマルティン・ルター以来適当に作文された「聖書訳」なるものを基本に置いて、それを逆輸入して、これこそが聖書のギリシャ語原文の本当の意味だ、普通のギリシャ語の常識からそういう意味に理解できないのは、これが聖なる聖書的ギリシャ語だからだ、と言い立ててきた。便利な手品の道具みたいなものです。ところが十九世紀末から、エジプトの砂の中に埋もれていたパピルス資料が大量に発見されました。商売の手紙とか領収書とか、個人的な手紙とか。そこにはヘレニズム世界に生きていた人たちの日常のギリシャ語があったんですね。

それともう一つ、この時代の碑文が残っています。都市の当局のおふれとか、そういったものですが、これもずい分多く見つかっています。そしてこのギリシャ語の特色がパピルスのギリシャ語とほとんど同じだったんです。そこで、ヘレニズム的ギリシャ語というのはこれだ、ということになって、これらの資料に見られる、日常的に使用されていた通俗の、いろいろ崩れた雑なギリシャ語が「コイネー」と呼ばれるようになった。A・ダイスマンという学者の命名ですが、片仮名で書くともったいをつけた感じになりますけれども、これは「普通の」「通俗の」という意味のギリシャ語の単語です。

新約のギリシャ語は伝統的なギリシャ語、つまり悲劇とか、トゥキュディデスとかプラトンなどの古典ギリシャ語とは、その通俗化、雑さかげんにおいて、ずい分違う。しかし、パピルス資料のギリシャ語とはほぼ共通しています。つまりそれは特殊なギリシャ語ではなく、当時普通に使われていたギリシャ語だということがわかってきたんです。従ってもう聖書的ギリシャ語などという逃げ場に逃げこむことはできなくなったはずです。私が『新約聖書　訳と註』で一番努力しているのもその点です。これを日常的に使われていたギリシャ語として読み、教会的解釈に逃げこまない、ということです。

世界の「新訳」事情

――一つ、まことに素朴な疑問があります。ローマ教皇庁を取りしきっている神父さんたち、世界各地にある司教区の司教さんたちは、ラテン語をしゃべっていますね。しかし新約聖書はラテン語で書かれたのではなく、ギリシャ語で書かれたわけですから、ヘレニズム世界のときのようにギリシャ語でしゃべったらいいのにと思うんですが。

田川　とお思いになりますでしょう。そう言ったのがルターなんですけどね(笑)。ローマ帝国支配は、地中海世界をほぼ真ん中で二分して、ギリシャ語世界とラテン語世界を作った。今日の西ヨーロッパがラテン語世界で、東ヨーロッパと近東がギリシャ語世界。ローマ・カトリック教会がだんだんとギリシャ語世界の教会から分離独立していくと、こちらはこちらでラテン語のキリスト教になっていったわけです。

政治的には西ローマ帝国と東ローマ帝国に分れていく。それにつれてローマ・カトリック教会がギリシャ語教会と絶縁していった。そしてラテン語に訳されたヴルガータ聖書というものを教会の公認の聖書とした。ラテン語の世界では、すでに中世のかなり早い時期から聖書といえばラテン語のものになりました。まあ彼らにとってはギリシャ語を勉強するのも大変だし（笑）、ヴルガータ聖書を読んでこれを正典とし、教会の公用語もラテン語にしたのです。

この既成事実を公式にカトリック教会の体制として宣言したのが、いわゆる反宗教改革の時代です。マルティン・ルターが、本来の聖書はギリシャ語だ、ラテン語聖書とはだいぶ違うのだと主張したのに対抗して、そのような宣言が行なわれました。ラテン語の聖書が絶対の正典になったわけです。二十世紀になって、さすがにそれでは通じなくなったけれども、建前上はずっとそれを保持してきた。それを放棄したのがご存知の第二ヴァチカン会議（一九五九年に召集が決まった）。この件に限らず第二ヴァチカン会議というのは、あれはすごいものです。各地のカトリック教会の礼拝でも、この時から、ミサをラテン語でやるのではなく、それぞれの土地の言語でやるようになりました。

――田川さんは現在、新約聖書をギリシャ語原典から訳し、それに註をつけるという遠大な仕事を続けていらっしゃいますが、世界的にもギリシャ語聖書からもう一度きちんと訳し直そうというような動きがあるのですか。

田川　もちろんその動きはプロテスタント教会ではルター以来はじまっているのですから、すでに五百年の伝統はあります。その意味ではすでにぶ厚い伝統と言ってもいいでしょうか。しかし本当のところは、残念ながら多くの場合、建前上そうだというだけで、本当に冷酷に学問的に徹底してギリシャ語原文と取り組もうというのではなく、相変らず適当に翻訳と称して自分たちの教会ドグマを勝手に「訳文」の中に盛り込む作業が続いています。私がこの『訳と註』の仕事をはじめたのは、そのせいです。

新約聖書のギリシャ語原文としては、十九世紀にEb・ネストレという人が創始した新約ギリシャ語本文の印刷本があるのですが、それがだんだんと充実され、批判的検討の水準も高くなって、今では非常に良いものになっています。ネストレ二七版と呼ばれているものがそれです（註。このインタヴューより後に、二〇一二年秋になって、二八版が発行された。しかし私見では、二七版の方がすぐれている点が多い）。持ち歩きにも手軽な大きさなので、私はいつもこれを持ち歩いています。紙が上質だからこの厚さですんでいるんですが、二七版は註の分量もすごくて、うまく記号化して詰め込んでくれていますから、たいへんな情報量がこの中にはつまっています。ただ、多少訓練した人じゃないとこれは使えまいというので、註の分量を極端に減らした簡略版もアメリカで出ています。

ただし本文は協定を結んで、ネストレもアメリカ版も同じにしています。そうすると安直な聖書翻訳者たちは註なんかきちんと読めないから、ネストレ＝アメリカ版の本文だけを絶対化して、これが新約聖書本文です、とかついでいる。実は新約の各文書にはそれぞれ大量の写本が存在していて、細かいところは写本ごとにずい分と違うんだから、本当は、これが正確な原文そのものだ、などというものを今になって絶対的な仕方で復元できるわけがない。多くの個所で判断が非常に難しいし、しばしば不可能でもある。だから、世界中みなさん同一のネストレ本文を有難がって崇めたてまつったりしないで、それぞれが自分の力量でしっかり正文批判をやって、異読異見もちゃんと紹介しないといけない。相手は古代の文書なんですから。おまけにろくにギリシャ語を知らない人たちが「聖書翻訳者」という肩書きで、初歩の新約聖書ギリシャ語辞典なんぞの中から自分の気に入った「訳語」を適当に拾ってきてつなげるだけで、ギリシャ語本文から直接翻訳しました、という顔をしている。これが実情です。

二千年前の古文書

——聖書のギリシャ語とは、どれぐらい難しいものなんでしょうか。たとえば現代のギリシャ人が昔のギリシャ語聖書の写本を読んだら、少しはわかるのか。

田川　かなりの単語が共通してはいます。しかしたとえば『古事記』の、万葉仮名はもちろん、現代の漢字と仮名に書きなおしたものでも、ポンと出したらすらすらお読みになれますか。確かにけっこう知っている単語も出てくるから、少し慣れたら、間をうまくつなげて何となく大筋はわかるような気がしますでしょう。しかし、学問的に正確な翻訳ができるという水準ではむろんない。現代のギリシャ人が新約聖書を読むのも同じようなものでしょうか。

——そうですか、もっと全然違うものかと思っていました。

田川　主な単語はけっこう共通しているものがあります。ただし、簡単にそう言ってしまうと、誤解される危険があるかもしれません。

古典ギリシャ語は前五世紀とか四世紀とかが中心ですね。アテーナイを中心とした生粋のギリシャ人たちは、紀元一世紀前後ぐらいになっても、伝統を学びますから、そう違うギリシャ語にはならないんです。特に本を書く人たちは、擬古典的な意識もあって、昔のギリシャ語に近い文章を書きます。

ところが通俗語の世界ではいろんな意味で変化する。その変化していったずっと先で更に変化したものが現代ギリシャ語です。従って、同じ単語がまったく別の意味になっていたりすることもある。だから現代ギリシャ語から推し測ると間違うことも多い。それをわからせてくれたのが先ほど言ったパピルス文書の発見で、現代ギリシャ語にそのままつながっていると確認されるものもあるし、そうでないものも沢山あるといったことがわかってきたんですね。

――ギリシャ語によって書かれた聖書の成り立ちの一端をうかがって、少し見えてきたことがあります。田川さんが訳されたマルコ福音書を読むと、意味がこんなにとりづらいのかと思うことにしばしば逢着します。大げさにいうと、ABCD四通りぐらいのとりようがある。聖書とは何だろうと改めて考えざるを得なくなります。そして、ほとんど古文書がそこにあるんだという感じになります。

田川　ほとんど古文書ではなく、古文書そのものです。だって二千年前に書かれたものですよ。印刷されたものを見ると違う感じになるかもしれませんが、写本で見たらまさに古文書を扱っているということが実感できるでしょう。私がやりたかったのは、読者の方々にまさにこれは古文書なんですということを伝えたかったんです。

「聖書」というのは、伝統的な教会の護教論からすれば、「わかりません」と言ってはいけないものだった。「こういう意味です」と決めつけて、それを二千年にわたって説教してきた。その二千年の説教を変えちゃいけない、これは聖なる書物ですと言い続けなければいけない……。

私のやった行為は、ある意味で「聖書」を破壊したわけです。そうすると、私の翻訳を信用していただけるとして、読んだ方に「これが二千年にわたるキリスト教を通じて信じられてきた聖書ですか」と言われたら、いやそうじゃない。私はもともとの著者がそれぞれお書きになった文章はこれです、とお目にかけているだけであって、これを教会が「聖書」に仕立てたのはまた別の歴史です。一九九七年に出版した『書物としての新約聖書』（勁草書房）では、その歴史をちょっと紹介したかったんです。

――それでは、聖書としての新約聖書と、古文書としての新約聖書と二つあると考えてみるのも事態を把握するためには有効かもしれませんね。

田川　大きく分ければそうです。しかし「聖書」としての新約聖書も本当は一つではないんです。それぞれの時代それぞれの地域の教会が、自分たちが聖書だと思うものを担いでいたんです。欽定訳聖書とルター訳聖書はそれぞれの時代の英語圏とドイツ語圏を支配してきたわけですが、相当に違うわけですよ。ましてやヴルガータはだいぶ違う。「聖書」にもそのような歴史がある。

二千年たっているんだから、いろいろあって当然なんです。そのことを知っていただきたいんです。単に崇めたてまつりたい人にとっては、いろいろあっては正典ではなくなるから困るでしょう。しかしそういう人には、御自分で御勝手に一つお決めになって崇めてください、と申し上げるしかない。しかし私は崇めたてまつる行為につきあうつもりはない、ということです。

イエスという男

――教会のなかにある聖書としてではない、古文書としての聖書を読む。すると田川さんが『イエスという男』にお書きになった歴史的人物がそこに浮かびあがってくる、ということですね。

田川　古文書と言っても、これを書いた人マルコがいて、書こうとした対象であるイエスがいた。その生きた姿が浮かびあがってくれば、そしてその存在の大きさをそのまま紹介できれば、と思うんです。私は自分にそれができたとまでは言いませんが、その大きな存在を何ほどかでもお目にかけることができればと、それを目ざしているわけです。古文書と言ったって、趣味的世界のことではありません。これだけの分量のものが今に伝っている。それによって書かれた対象の実像が、我々が努力すれば、そうとう浮かびあがってくる。

大きく分ければ古文書の福音書と正典としての福音書は違う、と申しましたが、そうは言ったって、元はやはり同じものには違いない。両者に一貫して流れている部分の方が多いですよ、当然。多くの人々に訴えかけるものがあるからこそ、今に伝った。中世キリスト教会の支配権力はすさまじいものがあって、江戸時代の殿様なんて程度じゃない。しかし聖書は教会の権力がこのように大きかったから、それによって仕方なく伝ってきた、というわけではない、やっぱり中身があるからこそ伝ってきたのです。だからそこのところをきちんとわきまえた上で、もともとの文はこうなっています、それをどう受け取るかは読者の方それぞれがおやりになって下さい、と、まあ理想を言えば我々の仕事はそういうことです。

――田川さんが新しい翻訳で示されたマルコ福音書を虚心に読んでみると、二千年前のガリラヤで、イエスという人は何をしようとしていたのかと、改めて考えさせられるような気がしました。新しい宗教を作ろうとしていたのかどうか。

田川　もちろんそんなことはありません。福音書はイエスが自分で書いた本ではないけれども、イエスが語った言葉が大量に伝えられているわけですね。あの時代のユダヤ人の書いた本、あるいはユダヤ人が語った言葉で、あれほど神という単語が出てこないのもめずらしいんです。いや、現代人の我々の感覚からすればずいぶん出て来るじゃないかとおっしゃるかもしれませんが、当時のユダヤ教の水準からすれば極めて少ない。それも、他の人たちが神について問題にするからイエスも答えて言っているだけで、イエスがみずから積極的に神について語ることはめったになかった。そう言っちゃ悪いけれどもあなた程度の人にさえ、神様はちゃんと太陽の光で照らしてくださるじゃないですか、雨も降らせてくださるじゃないですか、すばらしいことだとは思いませんか、というような時だけ彼は神を口にする。

――そういうイエス像は、田川さんの旧作に属する『イエスという男』でも鮮明ですね。

田川　福音書の原文をできるだけ理解して、その上でこれが元来のイエスの姿だろうというのを拾い出していって、つなげてみる。『イエスという男』は、このつなぐ努力を私なりにやってみただけであって、もっとすぐれた人がおやりになれば、もっと実像に近いイエスの姿を描くことができるだろうと思うんですが。

――イエスに対してそういうアプローチをしている学者は世界的に見てほかにいるんでしょうか。

田川　残念ながら今のところいません。しかし聖書を正確に翻訳しようということであれば、マルティン・ルター以来の伝統がぶ厚く存在します。私もその伝統を継承している。ルターの時代はまだ語学力が低かったからその仕事に限界はあったけれど、意図としては、あるいは看板としては、カトリック教会のドグマに災いされずに正確に翻訳しようという志はあった。

そのルターの志をよしとして、ウィリアム・ティンダルはもっと徹底してギリシャ語を正確に訳そうとして、それを英語でやったわけです。それ以後も、その伝統はしっかり受け継がれ、深められてきた。しかし彼らの主観的意図としてはそうであっても、彼らはやはり同時に宗教家であって説教する立場の人間だから、その中に自分たちの説教をこめていく。説教家である以上、そうならざるをえなかったでしょう。

私だって学問としてやっていますなどと格好いいことを言っていますが、説教はしないけれども自分の生活体験などがどうしても出て来ますしね。また、私は高校を卒業する頃までは日本語の文語訳聖書を読んで育ったんです。その文章が頭に入っている。大学生になって聖書の専門家になってからは、口語訳聖書も頭に入っている。で、ギリシャ語を訳していても、無意識のうちにそれが出て来たりします。別に文語訳聖書を横に置いて見ながら作業をしたわけではなくても、自分の翻訳文を後で読んでみると、文語訳の言い方がそのまま記されていて、はっと気がついたりします。これはどうも嫌な感じですけれどもね（笑）。

だから、説教家がやればどうしても説教が入ってきます。逆にキリスト教から遠く離れている人が聖書を扱うと、どうしてもキリスト教の悪口を言いたいというのが先に立ってしまう。最初からイエスの悪口を言いたいという前提をもって書くとしたら、やはり正確な実像を見ることはできませんでしょう。

しかしルターやティンダルの伝統はずっと続いていて、聖書学がぐんと発達した十九世紀後半から二十世紀前半にかけては、大勢のヨーロッパの人たちがイエスの姿を正確に描こうと努力していました。ただ残念ながら、二十世紀後半になると、その努力が途絶えてきているんですね。

必死にではなく、のんびりと

――ところで、またまた田川さんの経歴に戻らせてください（笑）。ストラスブール大学の客員教授は一年でしたね。そのあと日本にお帰りになったんですか。

田川　ストラスブールにいる間に、私が日本に帰る気でいるというのが伝って、大阪女子大学のある英文学の教授が、英文学と関係のないヨーロッパ世界のことをしゃべる奴を一人置いとくのもいいんじゃないかということで、声をかけてくださったんです。ついでにギリシャ語とラテン語も教えながら、定年まで二十一年間在籍しました。

――大学に在籍中に、そしてやめられてからさらに、著作に取り組まれた。それによって私たちは田川さんのお仕事を知ることができるわけです。しかし、あれだけ難しい内容ともいえるのに、すべて絶版にならずに生きているというのが、すごいと思います。

『新約聖書　訳と註』も再版されているし。

田川　私は教会の一部の人たちにとっては教会破壊者なんです、おそらく。「田川建三の本は絶対に読むな」と、私の本を禁書にしている教会もいっぱいあります。しかしそういうのはもったいないないと思うんですよ。神についてどう考えるか、何をもってクリスチャンとするか、等々の点でも、キリスト教会が自ら狭いところにしがみついていては駄目なんで、もっと広いところに出て行かなければしかたがないと思います。私だけが正しいなんて言いません。しかし、正しいかどうかというのではなく、私はかなり重要な情報や手掛りを非常に多く提供します。それをすべてしっかりと読んだ上で考えていただきたい。

――ところでいまは朝から晩まで、『新約聖書　訳と註』の執筆と、その後にくるはずの『新約聖書概論』の準備に集中されているのでしょうか。

田川　主としてそういうことです。ほかに関西で講座をやっています。マルコ福音書の註解と、新約聖書概論と、それからもう一つ、十六世紀の宗教改革、農民戦争の時代の彫刻家で、いまドイツで一番人気がある彫刻家と言っていいティルマン・リーメンシュナイダーについて話しているんです。

リーメンシュナイダーの彫刻はすごく魅力的で、見たらすぐに好きになりますよ。それに伝記がすごく面白い。ただ、キリスト教会に置く彫刻ですから、キリスト教を知らないと、テーマそのものがよくわからない。加えて、十六世紀のキリスト教や農民戦争の実情がわからないとわからない。言葉を換えて言うと、宗教改革や農民戦争を生み出した社会の流れがどういう風にしてこの彫刻に結晶したか、ということですね。

十六世紀のドイツを理解するためにはラテン語もかなりできないといけないし、その時代のドイツ語もある程度わからないといけない。加えて当時のキリスト教の実情というわけですから、これは私の仕事の部類です。これはやっていて楽しいし、やりがいもあります。

――『新約聖書概論』は着々と本の準備が進んでいるんですか。

田川　それを想定しながら講座をやってきたわけです。『訳と註』が終ったら、いよいよ本来の目的である『概論』に取り組まないといけません。『訳と註』の序文にも書きましたが、最初は『概論』を先に書くつもりだったんですが、そのもとになるはずの新約聖書の正確な訳がなければ、読者にとっても、実物を知らないままに「概論」だけを読むことになってしまう。それでは困るから、先に新約聖書全体の『訳と註』をやることにしたんです。

「概論」というのは解説の仕事になるわけですが、こっちはこっちで、書かれた当時のさまざまな状況が面白い。たとえばマルコ福音書が書かれた当時、正統主義のキリスト教会でどれだけマルコ福音書の悪口が言われていたか、これはそのまま紹介するだけでも、いろいろ面白いです。そういう「概論」をやがて書くために、今は講座でしゃべっています。今年が十一年目で、あと三ヶ月で一応終りです。ただ、本になるのは、それをもう一度大幅に書き直しますけれども。

新約概論を月に三回やり、あとマルコ福音書とリーメンシュナイダーがありますから、月のうち十日は関西に滞在しています。あとは山にこもって翻訳と執筆ですが、朝から晩までやっていれば能率があがるとお思いになるかもしれませんが、それだとやっぱり浮世離れして、ずれてくると思うんです。だから月に十日ほどは人に会う、話をする、そういうことで私は救われているわけで、残りの日数を山にこもって仕事に集中する。ただ、関西にいる間も移動する間も、書いた原稿は常にかついで歩いていて、折あれば読み直して修正するという作業は、いつでもやっています。

私はいま七十四歳です。『訳と註』だけであと四年かかる。あと四年健康で生きていなきゃいけないんです。更にその後に『新約概論』を書かなければいけない。面白いのは、自分の文章を自分の文章として展開できる『概論』の方でしょう。頭の状態も、この仕事ができる程度に保たれていないといけない。だから、いま必死なんです、私は。

（註。『訳と註』は、この話をした時点で全六冊のうちすでに三冊発行されていました。その後四年たって更に三冊発行したのですが、その間に予定が変って、全八冊に増えてしまった。従って完結するまでまだあと二冊、三年ぐらいかかります。予定よりだいぶ遅れて、どうもすみません）

しかし必死になると駄目なんですよ。人間、必死になってやると、いい仕事になりませんでしょう。生きているうちにこれを仕上げなきゃならない、といつの間にか必死になっている。あ、そんなにむきになってはいけない、のんびり仕事をしろ、とその度に自分に言い聞かす。生きているうちに仕事を仕上げなきゃいけない、しかしのんびりやれ、と毎日毎日思っているんです。全部やりとげたら、拍手喝采してください（笑）。

——そうお聞きするだけで、何だか元気が出てくるような気がします。長い時間、ほんとうにありがとうございました。

（註）とあるのは、この新書版に際してつけ足した註です。

VI 聖書学という科学

山我哲雄 やまが・てつお

聖書学者。北星学園大学経済学部教授、同大学院文学研究科兼任教授。一九五一年、東京生まれ。早稲田大学第一文学部卒業、同大学院文学研究科博士課程修了。専攻は聖書学、宗教学、古代イスラエル宗教史。著書に『聖書時代史 旧約篇』、訳書にM・ノート『モーセ五書伝承史』など。近刊に『一神教の起源——旧約聖書の「神」はどこから来たのか』。

聖書学とは何か

聖書学とは、当然ながら聖書を研究する学問である。ただし、聖書の研究と言っても、大まかに見て広義と狭義の二つがある。広義では、聖書という文書を対象とする研究すべてが聖書学に含まれるので、特定の信仰（例えばキリスト教、またそのうちのカトリック、プロテスタントなど、旧約の場合にはユダヤ教も）と聖書の宗教的真理性を前提とし、その信仰のあるべき姿や真理のより適切な理解を究明していく、規範的な学問的営みもそこに含まれる。これを神学的研究とも言う。いわば信仰を深めるための学問である。

これに対し、狭義の聖書学は、聖書とその諸文書の内容と成立について客観的に理解しようとする学問である。それはいわば、聖書を対象とする科学である。そこでは当然ながら、特定の信仰や聖書の宗教的真理性ということは前提にされない。研究者が個人的に特定の信仰を持っていたり、特定の教派に属していたとしても、そのような立場はいわば一旦「括弧に括られ」る。すなわち、研究者がキリスト教徒なのかユダヤ教徒なのか、イスラム教徒か仏教徒か（少数ながらそういう聖書学者も存在する！）、無神論者であるのかには一切かかわりなく、同じレベルで学問的議論がなされるし、研究者自身の信仰の立場や有無が学問的結論を左右することはない（また、そのようなことがあってはならない）。

先に「客観的」という言葉を使ったが、「歴史的・批判的」研究という言い方もする。「歴史的」ということは、聖書の諸文書を絶対化せず、歴史的に成立したものとして相対化して見るということである。「批判的」というのは、非難したり欠点を暴くという意味ではなく、対象との距離を取って、こう書かれている（あるいは伝えられている）が本当にそうなのだろうか、と合理的に再吟味していくという姿勢を意味する。

歴史的・批判的研究の前提の一つは、聖書が人間によって書かれた書物の一つだという、言わば当然の認識である。ただし、ここに聖書という文書の特殊性が絡んでくる。一般的には（特に信徒の間では）、聖書には「神の言葉」や「イエスの教え」が書かれていると見なされている。しかし、聖書の内容を神やイエス自身が直接書いたのではないことは明白である。聖書学の認識では、聖書の諸文書は「これこそ神の意思だ」、「これこそイエスの教えだ」と信じた人間（たち）の信念が書かれたものなのである。

それは「誰の」思想なのか

狭義の聖書学では、そのような人間たちについての考察が行われる。すなわち、聖書中のある文書（ないしその部分）が、いつ、どこで、誰（どのような人物）により、どのような素材や思想に基づき、どのような様式に従い、どのような意図で、どのような目的のために書かれたのかが、前述の意味で歴史的・批判的に究明される。

先にも書いたように、批判的姿勢とは「本当にそうだろうか」と疑ってみるということである。例えば、新約聖書の福音書にはイエスの教えが書かれていると信じられてきたが、福音書は四つもあり、比較検討すると、同じイエスの教えのはずなのにさまざまな違いが発見される。それゆえ現在の聖書学では、福音書はイエスの教えの直接の記録ではなく、伝承に基づき各記者が解釈し想像したイエスの言行を描いたのだという認識が一般的である。すなわち、そこに記されているのは「イエスの」思想というよりも、まず第一に、イエスについての「マルコの」「マタイの」「ルカの」「ヨハネの」思想なのである。

そうなれば当然、個々のイエスの言行について、どの福音書の記述や描写が、イエスが実際に語ったり行ったりしたことにより近いのか、ということが問題になってくる。このような研究は「歴史的イエス研究」と呼ばれる。しかし、このことは逆に言えば、福音書にはイエスが実際には語りも行いもしなかったことが数多く付け加えられている、ということでもある。そのように、元来のイエスの言行に後から背びれや尾ひれが付いてくる経過を研究する分野を伝承史（口伝段階）や編集史（文書段階）という。アメリカなどでは、イエスの言行の歴史的信憑性を赤、ピンク、グレー、黒で色分けした四色刷りの福音書が出ているほどである。

同じようなことは、旧約聖書についても言える。旧約聖書の最初の「五書」（創世記から申命記まで）はユダヤ教では「トーラー」（律法）と呼ばれ、神から律法を授かったイスラエル民族の指導者モーセが記したものと信じられてきた。しかし、一九世紀以降、文体や用語法の違い、記述の重複や内容的矛盾などからどのような資料が用いられているかを分析する文献批判という方法が進歩すると、「五書」は時代も著者も内容も異にするいくつもの「資料」を編集者（しかも複数）がいわば継ぎはぎにして組み合わせた複合的文書であり、最終的な成立年代もかなり後（前五世紀頃）であることが明らかになった。この五書についても、資料や編集の「層」を色や字体で区別した訳本が出版されている。

聖書文書に著者名が明記されていても、油断はできない。旧約聖書の「イザヤ書」は六六章もある最大の預言書で、イザヤは前八世紀にエルサレムで活動した預言者である。ところがイザヤ書の四〇章以下では、その二〇〇年近くも後のバビロン捕囚時代（前六世紀）末期に起こることが正確に記されている。昔は「預言」なのだからと当然視されたが、現在ではそれらの部分は後代の大規模な付加とされ、「第二イザヤ」「第三イザヤ」として、別の預言者の言葉として扱われる。新約聖書には、「ローマの信徒への手紙」をはじめとして、「パウロから」という差出人の名が書かれた手紙が一三通も収められている。しかし、「批判的」に吟味して見ると、そのうち「エフェソの信徒への手紙」など六通は、文体や思想の点でパウロの真筆とは考えられない。いわば他人の手による「偽書」である。そこで、これらの手紙は「パウロの名による手紙」とか「第二パウロ書簡」と呼ばれている。

しかしながら、聖書学がこのような「批判的」研究を急進化させると、聖書を信仰の基盤とする神学的立場との間に緊張関係が生じることもある。信仰の体系的一貫性を求める組織神学の立場から見れば、聖書を人間的なものとして相対化する聖書学の作業は、自分の跨がっている木の枝を切り落とそうとする自己否定的行為に見えるのである。

したがって、聖書学（者）は、神学校ではしばしば微妙な立場にある。二〇世紀のアメリカで、聖書の逐語霊感性と無誤謬性を改めて強調し、進化論をも否定する超保守的なキリスト教原理主義（ファンダメンタリズム）が台頭したのも、そのような批判的聖書学への反動という意味があったことはよく知られている。最近でも、ドイツのある大学の神学部でイエスの復活の歴史性を否定した新約学の教授が解任されて裁判になったり、アメリカの保守的教会出身の新約聖書写本学の大家が著書でキリスト教信仰を棄てたことを公言して物議をかもすなど、社会的な「事件」も起きている。

VII　旧約的なものと新約的なもの

橋本治　はしもと・おさむ

作家。一九四八年東京生まれ。東京大学文学部国文科卒業。七七年『桃尻娘』でデビュー。九六年『宗教なんかこわくない！』で新潮学芸賞、二〇〇二年『「三島由紀夫」とはなにものだったのか』で小林秀雄賞、〇五年『蝶のゆくえ』で柴田錬三郎賞、〇八年『双調平家物語』（全十五巻）で毎日出版文化賞を受賞。著書に『巡礼』『リア家の人々』『初夏の色』など多数。

古典現代語訳の悩ましさ

詳しいことは知らないけど、近頃の新約聖書の研究って、ある意味で考古学の世界ですよね。教会には長いことその発想がなかったんでしょうけれど。でもイエス・キリストがどんな時代のどんな文化のなかに登場した人なのかがわからなかったら、なぜそこでイエスがこう言ったのか、ということもわからないじゃないですか。

私は古い時代に書かれた本を読むと、うっかり「これが書かれた時代ってどういう時代なんだ?」って思っちゃうんですね。「この意味がわからない」と思うときは、だいたいその時代のあり方がわからないときだから。『平家物語』でもそうだったんです。『平家物語』には辻褄の合わないことがごまんと書かれている。『延慶本平家物語』というわかりにくいものと照らしあわせたり、『源平盛衰記』みたいなのも引っ張り出してきたりするうち、この時代のこういう人たちだからこそこういう発想をするんだなというのがわかってくる。平安時代は摂関家である藤原氏の時代だったということを抜きにしては語れないし、平清盛がどうしてあんな人物かというのも、『平家物語』を読んでいるだけでは本当はわからないんです。

古文書である新約聖書を翻訳しなおそうというときに、新約全体で一度しか出てこない言葉があって大変だというような話を聞くと、『枕草子』を思い出しますね。清少納言しか使っていないような言葉があるんです。紫式部もそうですが、作家の造語みたいなものですね。他で使われてないから、辞書を引いてもデッドエンドで、本文に即して考えるしかない。

時代のあり方でいえば「出袿《いだしうちぎ》」というのが、最初は何のことやらよくわからなかった。これは要するに平安時代の風俗で、英語でいうシャツアウト、パンツの中に入っているべきシャツの裾をジャケットの下から出してしまう着方です。

なぜそれがわからなくなってしまうかというと、平安時代は袴の文化だったのが、江戸時代になると、袴は礼装用になっている。つまりもう袴は日常着ではない。着流しの時代になると、シャツを上に出すという発想自体がなくなっている。ではなぜこの謎が解明したかというと、一九七〇年代の後半以降、シャツの裾を出すのが当たり前になった現代の風俗から類推したんです。それで、一種のカジュアルだと腑に落ちた。

平安時代の古典が難しく感じるのは、風俗とか生活習慣がピンと来ないからでしょう。

わからないところをさっさと捨ててしまうと、リアリティのある細部が落ちていって、理解が独断になってくる。ある意味で崇高になったりもするんです。

そして、本当のところを探っていくと、人が喜ばないような答が出てくる。人は信じたいように信じているわけで、「あなたの信じているものは本当はこうなんだよ」と言っても、それがうれしいわけではない。古典の現代語訳をやっていると、「これをそのまま出してもなあ」みたいなところが多分にありますね。

『窯変源氏物語』のときには半分喧嘩腰だったから、「本当はこうじゃん」みたいな気持ちだったけど、『桃尻語訳枕草子』のときにはちょっと怖かったですね。少なくともあの文体が、専門家には喜ばれないものだとわかっている。助詞や助動詞の組み合わせを忠実に訳していくと、真面目な人が喜ばない言葉になってくるんですよ。つまり「〇〇しちゃった」という言い方が俗っぽいと言われても、そこに完了の「ぬ」が入ってるから、忠実に訳すと「しちゃった」になる。訳していくうちにどんどんすごい文章になっていって、でも「原文がそうなんだもん、しょうがないなあ」と思って、もう喧嘩腰にすらなれない。事実の前に謙虚になるというか。

なぜ聖書が読めないか

聖書はちゃんと読んだことがないんです。読もうとしていつも挫折する（笑）。その理由は、命令されることに疲れるからだと思う。聖書って基本的に命令の言葉で綴られているじゃないですか。一つの物語だと思って読もうとしても、「なんとかせねばならない」的な話がどんどん出てくる。基本トーンがそういうものだと思えて、疲れちゃう。

聖書を読んで命令の言葉だと感じてしまうのは、こちらに仏教徒というか仏教的なものの素養があるからでしょうね。仏典なんて読んだことがないし、何を仏典とするのかさえもよくわからないほどなんだけど、なんとなく仏教の感覚がわかるというのは、江戸時代に消化されて「俗」になったものがわかりやすく入ってきているからだと思う。仏教的な教えって、ストレートではなく、ひねくれているじゃないですか。「色即是空」って言われてもなんのことだかよくわからないけど、江戸時代には当たり前に流通してますしね。その当たり前さで、なんとなく呑み込めちゃう。

「情けは人のためならず」なんて誤解されやすいことを言って、「あとは自分で考えなさい」という置き去りみたいなところがあるじゃないですか。どうしてかというと、仏教というのは出家と在家がはっきりと分かれていて、出家の人は在家の人にそんなに強いことを言わないわけですよ。なんとなく諭すみたいな言い方をする。諭しながら「考えなさい」と言う。教える側がひとりごとに落としているようなところがある。代表的なのは親鸞かもしれない。「善人なおもて往生をとぐ」というような反語的な問いかけを、「考えなさいよ」とあえて逆説として持ってくる。その典型が禅問答だと思う。

仏教徒ではないんだけど仏教的な考え方がうっかりするとフッと入ってくるというのは、そういうような仕込みがあるからかなと思うんですよね。それに日本語の精妙さというのが、仏教的なものとよく合っているような気がするんです。

でも、聖書はそうじゃない。断定的に、ある種の命令がつぎつぎと出てくるじゃないですか。私は西洋の思想関係の本がまったく読めないんですけど、それと感覚が似ている。旧約聖書は歴史でもあるんだけど、「かく生きねばならない」的な歴史でしょう。神の強い命令が前提にあるんだと思う。新約聖書の強さというのはまた別で、イエスの言葉でも、「汝の敵を愛せ」とか「カエサルのものはカエサルに」的な、言い方がひねくれていて考えなきゃわからないというところもあるけど、やっぱり強くズバッと来るじゃないですか。

聖書の章句に全部番号が振ってあるのにも驚いた。「つまり、これ全部覚えるってこと？」って。もちろんそんなことないんだけれど、でもユダヤ教のタルムードはもともと口伝で、暗誦されていたわけでしょう。ユダヤ教のラビだけじゃなくて、昔の人の覚え方って尋常じゃないと思う。やたらと本があるわけじゃないから、「読み込み」は当たり前で、言語が身体化されちゃうんでしょう。平安時代の歌人の「本歌取り」というのは、つまり元歌をぜんぶ諳《そら》んじているということですよね。元の数が少ないからそれができる。元であるテキストが多くなってから、言語は身体から遠くなってしまった。

新約的、旧約的

マルクスとフロイトとアインシュタイン、三人ともユダヤ人ですけれど、ある意味でこの三人が二十世紀をつくったというところがありますよね。あるとき突然ね、この三人のあり方が聖書そのものじゃないかと思った。まず、マルクスというのは、とても旧約聖書的な感じがしたんです。マルクスが扱うのは、家の話ではなくて、家というものが存在している土地制度のほうでしょう。「自分たちの住むべき世界はどこにあるか、いかがあるか」って。それが旧約聖書っぽいと思った。それで「そこに、おっかないお父さんがいてさ」ってことになると、心の問題になって、フロイトが登場する。だからフロイトは新約聖書なんだなと思った。

私にとってのユダヤ教というか旧約聖書のわからなさは、マルクスの『資本論』を読んだときのわからなさと同じだろうと思います。『資本論』、読んでないけどね。読む前に「わかんないだろうな」ってわかったから。

階級制度ってある意味で歴史じゃないですか。旧約聖書も歴史でしょ。フロイトが恐る恐る「こういうことなんだけど、でもきっとみんないやがるだろうね」って『精神分析入門』みたいなのを書き始めるのは、喧嘩腰にならないキリストですよね。

でも、それはどちらも頭の解釈で、頭の解釈だけで宗教がわかるはずはない。宗教って奇跡みたいなダイナミックなものを必要とするもので、だから科学につながって、そういうわけでアインシュタインが登場するのかなあと思ったの。物事が起こることの、そのメカニズムを扱うわけでしょ。でも相対性理論なんて、どうして光の速さを研究しなくちゃいけないのか——よくわからないけど、科学というのはキリスト教の呪縛から生まれたものなんじゃないかと思うんです。科学がどこまで進歩すりゃいいのさっていうのが私の中にある。「考えてもしかたがないから、考えることに意味はない」ということを論理的に証明するまで、科学の進歩というのは終わらないいんじゃないかと。

神が世界をつくったという聖書の前提が呪縛のように残っていて、それをすべて人間の理解の範疇におさめなければいけないというのが科学の悲しさなんじゃないかな。マルクスがいてフロイトがいて、そのあとでアインシュタインがくるのは、旧約聖書があって、新約聖書があって、さいごに宗教全体を問いなおすという形のように見える。

ところが仏教というのは、「はじまり」についてなんか考えなくて、存在しているものをいきなり肯定してしまう。「終わり」というものもはっきりさせない。「無限」にしてしまえば、いくらでも「その先」はある。だから無限に近い無量数《むりょうず》という単位までつくってしまう。インド人がゼロを発見したというけど、仏教というのは、いきなりゼロを出してくるのではなく、ゼロに近づいていくまで無限に割っていくみたいなことをするじゃないですか。無限に割っていくということは、ゼロにはならないんだってことがわかっているからこそで、ゼロというのは「存在しない」ということに関する抽象概念だもの。

そのインド人の合理性が輪廻転生なのかもしれない。ユダヤ教、キリスト教、イスラム教が仏教とどこが違うかというと、輪廻転生という考え方をしないところですよね。つまり人生は一回限りと考える。でも一回の中でちゃんと何かしなくちゃいけないというのが、私にはとてもしんどい。近代自我が性に合わないのもそこなんだけど、仏教を生みだした古代のインド人というのは、「人生はつらい。それを何度も繰り返さなきゃいけないのはもっとつらい。だから、もう生き直さなくていいというところまで行きたい」という考え方をしてたんですね。

お釈迦さまの悟りというのはそういうもので、お釈迦さまが涅槃に入ったというのは、人類で最初の、「生き返らない死んだままの人」になったということじゃないですか。だから仏教では、「ああ、もう生きなくてもいいんだ」という考え方になる。「いまはつらいけれど、もういっぺんやり直せると考えたら楽になる」というのは、近代自我というものに取りつかれた末の処方箋です。

よく考えると、キリスト教って二段構えになってるんですね。マックス・ヴェーバーの「プロテスタンティズムが資本主義を生み出した」という考え方も、旧約聖書と新約聖書の二部構成を前提にした考え方ですよね。つまりマルクスが旧約聖書的だとすると、資本主義というのは、その敵に当たる。プロテスタンティズムを疎外するものがあるから、プロテスタンティズムはプロテスタンティズムとして独立しなければならない。プロテスタンティズムが資本主義を確立したら、これに疎外されたものが社会主義を生む。

「新」として別れたものがいつか「旧」になっているという繰り返しですね。

カトリックがバチカンの支配を受け入れるというのは、ある意味で父権社会的だし固定的であるけれど、プロテスタンティズムというのはそれをぶっ壊してもっと自由にやっていきたいというようなものでしょう。西洋ってどうもそういう二部構成のような気がする。ヨーロッパの物の考え方の枠組みというか原型が、聖書によってできているんだと思う。

懺悔の効用と日本人

日本人にとってキリスト教って何なんでしょうね。天草のキリシタンはどうしてキリスト教を受け入れたんでしょう。そういうことって、わかっているようでわからないじゃないですか。で、山田風太郎の「忍法天草灘」という短篇小説があるんです。九州のほうのキリシタンの話で、最後に恐るべきどんでん返しが待っていて、善良な人たちだと思っていたら彼らがみんな性的にすごく不道徳だったと。それでみんな懺悔をする。懺悔をしてあっけらかんとしている。これはもちろんフィクションですが、その元になるような懺悔録がどこかのキリシタン文書に残っていたんだと思います。

つまり、自分のなかにおさまりきらない罪の意識が、懺悔によって楽になる。「懺悔で楽になる」という発想はキリスト教の方にないだろうけれど、罪を赦すというのがキリスト教ですよね。このカトリックの懺悔のシステムが、仏教にはなかった。

ちなみに、神道と仏教の差というのもすごく簡単なんです。神道というか、神道になる前の日本風土の神を見てみると、禍津神《まがつかみ》――禍津日神《まがつひのかみ》という災いを起こす神、つまり病気にする神はいるんですけど、病気を治す神というのはいないんです。だから仏教が登場すれば、当然仏教の勝ちなわけ。薬師如来という病気を治す仏さまがいるんだから。私には、禍津日神の災いを直す「直毘神《なおびのかみ》」というのは、仏教が入ってきたあとの発想のような気がする。天照大神が天の岩戸に入って災いが起こったときに、「直毘神」は出てきませんもの。

神道というのは村落共同体を守るもので、共同体を成り立たせるために必要なものが全部神様になっている。『古事記』のはじめに神様の名前ばかりずらっと出てくるのはそういうことなんですよ。たとえば、家に変なものが入ってこないように守る門の神様、土台の神様、家の梁の神様というように、家というものを神様によって構造分析してるんです。

海の神様がいれば川の神様もいる。しかも海と川が接するところの海側を担当する神様と川側を担当する神様という区別まである。つまり、川には川の意味がある、海には海の意味がある、港には港の意味があり、港の外側にも意味がある。古代の日本人は、神様の名前をつけることによって自分たちの社会がどのような仕組みになっているかを分析・分類した。だから本居宣長が神様の名前を言語学的に解析しているのはとても重要なことなんです。

地域社会の中にいればいやなことも起こるから、禍津神というのはいるわけですね。でも病気を治す神は地域共同体の中に存在しない。神が共同体に対応していても、個人には対応してないから。でも共同体を統治する支配者には対応するから、天皇家は神とつながる。地域共同体という横軸と、ひとりの天皇という縦軸。その縦と横が合わさったところが日本なんです。

一方、仏教というのは、個人のさまざまな要望に応えて役割分担してるじゃないですか。地域社会の問題じゃなくて、そこに生きる人間のさまざまな悩みに対応している。いってみれば神道というのは旧約聖書的で、仏教は新約聖書的なんですよ。日本はその二つを、二段構えにしなくて混ぜちゃったけど。でもその新約聖書的な仏には、「罪を犯して息苦しく感じている」ってことに関しての答えはなくて、「それだったら出家しなさい」という方向に行ってしまう。でも懺悔をすれば、出家しなくてもそのまま生きていけるじゃないですか。当初、カトリックが日本人に受け入れられたのは、その「赦し」のシステムのせいじゃないかと思います。

江戸時代のモラル

日本人と宗教ということで考えてみると、仮名文字の果たした役割は大きいと思うんです。江戸時代には恐ろしいことに、『女大学』という女のための儒教のポピュリズムまで生まれている。これほどモラルというものを全体にゆきわたらせた国というのはそうないでしょう。それこそユダヤと似ているかもしれない。つまりユダヤ教のタルムードというのは生きるためのモラルですよね。ユダヤ人であるためにはそういうことを徹底して学ばなければいけない。日本人も、寺子屋をつくって、『童子訓』なり何なりを教えて、寺子屋で「子曰わく」とかってやってたりするわけじゃないですか。そうすると、モラルが当たり前のように日常に浸透してくる。

江戸時代のすごさというのは、モラルが広く浸透したうえに仏教的な複雑な考え方も浸透したことで、礼儀正しいくせに皮肉屋というへんてこりんな人たちを生み出せた。明治になるとその複雑さは、封建的だの、俗っぽいだのといって押し入れにしまわれてしまったけれど、日本人にとって江戸時代の経験は大きいんです。近代化というのは国家の上のレベルでばかり考えられがちだけれど、下のレベルでの近代化というのはなかなかわからないんですよ。日本人の特殊さというのは、その下のほうまで何かが浸透しちゃったってことだと思う。でも江戸時代的な日本人には、宇宙の始まりとか何とかって考える能力はないんですね。考えなくていいんだもの（笑）。

つまり江戸時代に、タルムードはあったけれど旧約聖書はないんです。商家ではどこでも家訓みたいなのをつくる。それはつまり商家という一つのコミュニティを保つためのタルムードがあるわけでしょう。しかも、武家諸法度だの公家諸法度だの、そのタルムードが方面方面で全部違っている。

江戸時代の仏教の入り方というのは、ある種学問的であって、宗教ではないんです。葬式やるのは「地域のお寺様」っていうのが江戸の檀家制度だから、実際的な問題でしょう。社会学的な管轄でも宗教学的な管轄でもない。

江戸時代には宗教が政治に組み込まれ、宗教としての力をなくしていったと宗教学的には考えるけれど、宗教としての力をなくしていったこと自体が仏教にとっては一番大きかったと思う。仏教では、出家の一歩手前で「五戒を授ける」という戒律儀式があるじゃないですか。五戒の中に「不妄語戒」というのがある。嘘をついちゃいけないということです。でも、「じゃあ、そういう戒律を受けてない人は嘘をついていいんだね」というようなことを、江戸時代の人は言わない。嘘をついちゃいけないという社会的なモラルみたいなのがもうできあがっているから。宗教が社会の中にモラルという形で浸透して、宗教が宗教としてそんなに機能しなくても済むようになっていたんだと思いますよ。だから江戸時代の人はご利益か祟りしか求めない。

神様による構造分析

でも日本にも旧約聖書的なものはあったと思います。律令というのが旧約聖書的なものだったと思う。平安時代が終わって鎌倉時代になって、朝廷というのが形としては残っているけれども形骸化してしまったという段階で、律令は旧約聖書的なものとして残ったんじゃないかな。

結局日本には、旧約聖書的なものは合わないんだと思う。だって島国で領域がはっきりしているから。旧約聖書というのは、離散したユダヤ人の結束を固めるためのものでしょう。日本人ははじめから固まってるんだもの、どういうわけか。

こんなに内乱の起こらない国もないですよ。それが長く続いたのは戦国時代だけだもの。古代に出雲と大和のあいだで政権の移譲があったというけれど、出雲と大和のあいだに本当に戦争があったんだろうか。その戦争の痕跡は見当たらないんですよね。戦争の気配みたいなのはあったんだけど、結局は起こらなかったというような話が『古事記』にはふんわりと出てきます。

日本人は目の前にある社会のいちいちを神さまという形で分析していって、それでよしとしていたわけですね。出来上がっているところから始まる神話なんて、ふつうはないじゃないですか。すでに存在しているからこそ命名できるんだもの。日本人は、自分たちの共同体は一応すべてが整ったものであると考えた。そしてそれが拡大したものが日本だと考えた。だから、たいした争いが起こらなかったんです。争いが起こっても、そこに独立は起こらない。またまとまってしまう。

私には、キリスト教というか一神教が生まれたのは、何もないところに暮らす人々が自分を支えるもの、自分に対応する一対一対応の神をつくったからだとしか思えない。

創世記のはじめのほうに、複数形で神が出てくる箇所があるでしょう。あれを見ると、メソポタミアかどこかから追い出された人が、故郷を振り返って、あそこには神様がいっぱいいる、いいなあ、と思って、「ここには何もないから、自分たちのために神様が現れてくれればいいな」と考えた——一神教はその名残だとしか思えない。

神様は山の上から降りてくる的な考え方というのは、もしかすると日本人が山に拠って生きていたからかなという気がするんですよね。天孫降臨も高天原も、「山から降りてくる」が前提でしょ。平城京というのは野っ原にあるけれど、でも野っ原の真ん中ではないでしょう。山の中の盆地でしょ。

江戸時代の五街道のようなものが日本古来の道路だと思いがちだけれど、鎌倉時代以前の街道はいまわれわれが思ってるのとずいぶん違うんですよね。それは人の生活の中心地が違うからで、みんな高いところに寄っかかるような山裾の地で暮らしてた。鎌倉は典型的にそうでしょう。山に囲まれてて周りから入れない。関東の中心がどこだったかというと、秩父なんですよ。秩父の人がだんだん下に降りて江戸までいった。

昔の伊豆は東海道から枝分かれした行き止まりのようなところで、箱根や神奈川の方とは山地で隔てられていた。東海道も、小田原のほうから北上して、御殿場をまわって、富士山の東をまわってきて三島のほうに出てくる道だった。山の中を通るのが当たり前だったんです。

山を背後にしたちょっとした平地があって、山から流れてくる川があれば耕作ができる。山をバックにして全部のシステムが揃う。飛鳥だって、バックに山があって、川が流れて、そこに一つの世界が揃っている。だから、なかなか盆地の中央に都をつくるという考え方ができにくかったんじゃないのかなと。京都だって、バックに比叡山があって、都を守るという形になっていて、それは古代的な考え方の名残なんじゃないのかな。そういう意味で、山から遠い江戸というのは異常な都会なんですね。

ともかく日本には、いろんな神様がいてもらわないと困るわけですよね。川の水を引いて田んぼをつくるようになれば田んぼの神様が必要だし、田の畦の神様も必要だし。

ユダヤ教のタルムードもそうだけれど、宗教というのは心だけに対応するものじゃなくて、人の暮らしのあり方全体に対応するものだと思うんです。キリスト教は、生活と切り離されて心の問題になりすぎてしまったところがあると思うんですよね。だってキリスト教がいちばん戒律を問題にしないもの。出家者には戒律があるだろうけれど、出家者は世俗の人の上に立つものでしょう。十戒とかいっても、その戒律を守るための定めがあるわけではない。だから心の問題に一挙に行ってしまう。心の問題ってなんか重苦しいでしょ。宗教っていうものをもうちょっと気楽に考えたほうがいいと思う。江戸時代の人のほうがもっと気楽に宗教的だったんじゃないかな。

Ⅷ　マタイ伝を読んだ頃

吉本隆明　よしもと・たかあき

一九二四年、東京生まれ。東京工業大学卒業。五四年『転位のための十篇』で荒地詩人賞受賞。二〇〇三年『夏目漱石を読む』で小林秀雄賞受賞。一二年、死去。著書に『マチウ書試論／転向論』など多数。一四年三月から全三十九巻におよぶ『吉本隆明全集』（晶文社）の刊行がスタート。

終戦の日、沖へ泳ぐ

敗戦を迎える年の春に米沢高等工業学校を卒業して、東京工業大学に入りました。入学してまもない八月には、富山県の魚津にある日本カーバイドの工場に、学徒動員されていたんです。工場で働きながら、戦争についてどう考えていたかというと、どこまでもやれ、と思っていました。もしここで自分が戦争に行けば、そこで死ぬだろう。自分の人生は二十歳で終わりだ、と思っていました。

八月十五日の昼、工場の広場に全員が集められて、「終戦の詔勅」のラジオ放送を聞きました。最初のうちは録音がよくないせいか、天皇が何を言っているのかよくわかりませんでしたが、途中で「万世のために太平を開かんと欲す」というくだりが聞こえてきたとき、これは天皇が戦争を止めると言っているんだと、日本が連合軍に降伏したんだと、はっきり理解できたんです。

もちろん僕は納得しませんでした。あくまで戦うべきだと思っていましたから。しかし、「万世のために太平を開かんと欲す」という言葉を天皇の声で聞いてしまったら、もうその先なんて聞いちゃいられねえと思って、工場の広場をひとりで後にして、寮に帰って来たんです。もうこれで終わりだ。万事休すだ。そう思ったら、涙が出てきました。

神道というもの、天皇制というものをずっと信じていました。その上で戦争をどこまでもやるべきだと思っていました。だからもうただ泣きべそをかきながら、歩いて寮に帰ってきたんです。

泣いている僕を見て、身の回りの世話をしてくれていた寮のおばさんが「どうしたの」と聞きました。「喧嘩でもしたの」って。僕は「いや、いや」と言うのが精一杯で、それ以上おばさんに説明する言葉は出てきませんでした。おばさんは部屋に布団を敷いてくれて、「もういいから、ここで少し休んで、気持ちをなだめたほうがいい」って言ってくれて、おばさんはそれ以上何も聞かずに、部屋を出て行きました。

僕はそれから文字通り、泣き寝入りで眠ってしまったんです。

目が覚めたら夕方でした。

それから起き出してどうしたかというと、工場のすぐ裏手にある、魚津港に続いている海へ泳ぎに行ったんです。この海は、ほんとうにいい海で、毎日のように泳いでいました。

目が覚めて、とにかく何かで気を紛らわせないといられなかったので、どんどん海に入っていって、泳ぎ始めたんですね。魚津港の防波堤の外まで出ていって、もう破れかぶれの気持ちで、ひとりで外洋に向かって泳いでいったんです。でも何か変な泳ぎ方だったんでしょうか、溺れかけているとでも勘違いされたのかもしれません、僕を見かけた漁船がだんだん近づいてきて、「大丈夫かあ?」と声をかけてきたんです。僕は大丈夫だからって合図をすると、漁船はまたゆっくり離れていきました。

どれぐらい泳いでいたのかもう記憶ははっきりとはしないんですが、泳いでいるうちに気持ちが少し鎮まってきたんだとおもいます。それから寮に戻ることにしたわけです。ただ、寮には戻ったものの、どうしたらいいのかわからない。これから自分はどうすればいいのか。昨日まで考えもしなかった事態になって、自分はいったい何をどうしたらいいのか。真っ先に考えたのは、戦争をやめることに反対する勢力があったら、オレはもうそこに行くしかない、ということでした。しかし残念ながら、自分が参加するような大きな動きは現れなかった。

敗戦の十年ぐらい前に、二・二六事件がありました。青年将校が起こしたクーデターです。部隊が蜂起するとすぐに戒厳令がしかれて、彼らは反乱軍として、ほんの数日で鎮圧されたわけです。

戒厳司令部が反乱軍にむけて投降を呼びかけた文章のなかに、こういうくだりがあったんですね。

「お前たちの父母兄弟は国賊となるので皆泣いておるぞ」

僕はこの「泣いておるぞ」という言い方に強い違和感を覚えました。「日本というのは、こういうときに、こういうことを言う国なのか」と思ったんです。とにかく「泣いておるぞ」には驚いた。

つまり、お前たちは天皇の言いつけに背いて反乱をくわだてたんだと、そしてそれは親不孝でもあるんだと。そういうとらえかたをして、そのように言葉にしている。そのことについての驚きです。しかしこれは戒厳司令部の発する文章でしょう？「泣いておるぞ」なんて言い方は、公の文書のなかで使われるようなものではない。私的な文章が紛れ込んでいるとしか言いようがない。これは日本独特の、異例なものじゃないかと思いましたね。だから僕はこういう文章が出てくることに到底納得できなかったわけです。

自己嫌悪から、聖書を読む

戒厳司令部の文章にも納得しない。終戦の詔勅にも納得しない。じゃあお前はいったい何をしたんだと、お前はどういう態度をとったんだと、こう問われたら——ただ泣いて、やけになって泳いでいた——ただそれしかしてねえじゃねえか、ということになるわけです。「まだ戦争を続けようじゃないか」とまわりを焚きつけて、動いたわけでもない。そういう状況に自分自身が耐えられないわけです。耐えるだけの見識もないし、度胸もない。そう思ったときに、僕はまったくペシャンコになったんです。

ペシャンコになった自分がそれから考えたのはこういうことです。神道にしても天皇制にしても、日本人を動かしてきた宗教的なものっていうのは、いったい何なんだと、自分が信じてきたものは何なんだと、そもそも宗教って何なんだと、そう考えるようになった。オレはしっかりと宗教を考えたことがなかったとあらためて気づいたわけです。やっぱりきちんと宗教を勉強してみなきゃわからないだろうと思った。聖書を読み始めたのは、そういうことです。聖書を読みすすめながら、教会にも行きました。

教会のほうは、三回ぐらい行ってやめました。なぜかと言うと、牧師っていうのはいいことしか言わないんですよ。信ずることが良いことだ、ぐらいのことしか言わない。これじゃあ全然お話にならないと思った。聖書のなかにある、切迫した、突きつけてくるような言葉とは、無縁な話ばかりなんです。ただ、おとなしそうに見える女性が集まって、みんなで歌う賛美歌なんていうのは、これは何かいい雰囲気で、声がきれいだな、いいもんだなとは思ったんですけどね。

聖書は自分で神田神保町に行って買ってきました。日本語の聖書と、それからフランス語のやつと両方買いました。フランス語は専門じゃないんだけど、少しやっていたものですからね、参照しながら読もうと思ったんです。日本語版の聖書は文語訳だったので、なにかこう荘厳な名調子で、いいといえばいいんですけど、自分の頭で納得しながら読むには、どうもしっくりこない。だから辞書を引きながら読むために、フランス語版の聖書があってよかったんです。

地獄の子

聖書を読むなら、まずはマルコ伝です。それはやっぱり、どう考えてもそうだと思います。最初に書かれた福音書で、原始キリスト教の姿がいちばんよく浮かび上がってくる。ただ、書かれ方として何か知性的であったりはしない。そうではないものとして、マルコ伝はあるんです。だから、聖書の研究者であれば、マルコ伝から始めるしかない。それはたしかなことで、読み較べてみればよくわかります。

自分が読んでいて、いちばん衝撃的というか、内容としてすごいことが書いてあると思ったのは、マタイ伝でした。

イエスが人々に話をしているとき、母や兄弟がやってきて話をしたいと外で待っていても、「わたしの母とはだれか。わたしの兄弟とはだれか」と平然とイエスは言う。親兄弟が泣こうが訴えようが、そんなものは関係ないんだと、そういうことを言っている。「泣いておるぞ」なんて言葉は無効なんだ、そういうことをイエスは言っているわけです。

こういうところもありました。

「律法学者たちとファリサイ派の人々、あなたたち偽善者は不幸だ。改宗者を一人つくろうとして、海と陸を巡り歩くが、改宗者ができると、自分より倍も悪い地獄の子にしてしまうからだ」

改宗者を得ようとして、なんだかんだと説得して、お前たちは信者を得たと思っているかもしれないけど、そうじゃない。本当は地獄の子を得たんだ、お前たちよりもひどい地獄の子を得たに過ぎないんだと。これなんかも、僕はもうピンと来るところです。誰が地獄の子なのか。オレたち日本人は戦争をして悪かったと、これまで天皇万歳でやってきて、しかしこれからは民主主義なんだと、いままでのことは全部間違っていたんだと、コロっと宗旨替えするけれど、結局のところ日本人は嘘ばっかりついてきただけじゃないかと、そういうふうに読まざるを得ないわけです。もうこういうくだりを読んでいると、ワーッと叫びたいような気持ちになりました。

こういう圧倒的な言葉が、マタイ伝にはいたるところに出てくるわけです。ペシャンコになった自分に音を立ててぶつかってくるような言葉が、つぎつぎに現れる。衝撃を受けながら繰り返し読んでいると、イエス・キリストという人間が、千年、二千年にひとり、現れるか現れないかというぐらいの思想家だということを、聖書ははっきりと示していると思いました。

あなたには関係ない

聖書を読んでいた同じ時期には、マルクスも読んでいました。マルクスもやっぱりすごい人だと思います。今でも敬意を表する気持ちは変わりません。しかし、日本のマルクス主義者、レーニン主義者というものが地獄の子で、ひでぇインチキなもんだということも同時にはっきりと感じることでしたけどね。

マルクスばかりではなく、西洋の古典とよばれるものをなるべく読んでやろうと思って集中的に読んでいきましたし、当時の風潮もあって、現代フランス文学の翻訳書なんかも手に入れては読んでいました。とにかく片っ端から読んでいたという時期でした。

文学書もずいぶん読みましたが、圧倒的に衝撃を受けたのは、ゲーテの『若きウェルテルの悩み』でした。やっぱりわれわれ日本人とはまったく違う人間がここにいると、強い印象を持ったんです。

主人公のウェルテルが舞踏会でシャルロッテという女性に出会う。シャルロッテは亡くなった母親のかわりに、幼い弟や妹たちの世話をしている女性で、母親のようであり、しかもきれいで、感情も豊かな人なんです。ところがシャルロッテにはすでに婚約者がいる、というわけです。

シャルロッテのほうもウェルテルが自分に好意を抱いていることをわかっていて、しかも悪からず思っているわけですが、ウェルテルの気持ちがだんだん高まってくると、シャルロッテは身を引こうとするわけです。自分のことを思ってくれるのはありがたいけれど、目立つようにそうされては困るのだ、と距離をおくようなことを言うわけです。気持ちはわかるけど諦めてほしいとシャルロッテは言うんです。

しかしウェルテルは諦めないわけですよ。シャルロッテに何を言われようが諦めない。それはあなたには関係ない、と言うんです。自分があなたを好きになったのは、あなたがそのことについてどういう感情を抱くにしても、あるいはあなたが他の男と結婚しているとしても、そういうこととは関係ないことなんだと、そう言い切るわけです。

この場面には「おおっ！」と思いました。この諦めないということ、それをこうして言い切ってしまうというのは、日本人には到底わからないし、言えもしないだろうと思いました。

恋愛というものは他人を不幸にするつもりはなくても、結局、誰かがその恋愛をめぐって不幸になる。その結末は避けられないわけです。だから、諦めるという態度も出てくるわけですけれど、『若きウェルテルの悩み』のように、気持ちの上でもどうにもならない、世間的な約束からしてもそうするほかない、そういう場所に追いつめられても諦めない、そういうあらゆることは関係ないことなんだと主張して止まない西洋の若い男がいる。これはやっぱり衝撃で、ヨーロッパっていうのは何なんだという、自分の興味というか、疑問の前に立ちはだかるような、驚くべき存在でした。

こういう「あなたには関係ない」とまで言い切ってしまう存在を描き出す文学というのは、いまのところ日本の小説では誰も書いていないんじゃないかと思います。

「マチウ書試論」を書く

聖書を読んで感銘を受けたということにどんな意義があるのか。聖書が僕のそれ以降の思想にどんな影響を与えたのか。そんなことを考えようとしても意味のないことなんです。そうではなくて、聖書を読むことになったのは、日本が戦争に負けてしまった瞬間に、そして敗戦が決まった後も、自分の考えや行動ではなすすべもなかった、まったくの無効であったと、そのことから始まって、聖書を手にとることになり、自分がなぎ倒されるように読んだ本だった。自分に言えるのは、ただそれだけのことなんです。

それからしばらく時間がたって、「マタイ伝」をテーマに「反逆の倫理」という文章を書くことになりました（のちに「マチウ書試論」として『芸術的抵抗と挫折』に収録、現在は講談社文芸文庫『マチウ書試論／転向論』所収）。

マタイ伝について書いたのは、戦争に負けて、まもなく十年というときでした。大学を出て、あちこち転々と働いたり、大学の研究室に戻ったりした後、東洋インキという会社に技術者として就職して働いてました。二十九歳ぐらいになっていたと思います。ひどい風邪をひいて、それをこじらせてしまって肺炎になり、会社をしばらく休んでいたときでした。布団のなかで腹ばいになりながら、「マチウ書試論」の原稿を書いていたときのことは、今でもはっきりと覚えてます。

Ⅸ　聖書を読むための本

山本貴光　やまもと・たかみつ

文筆家、ゲーム作家、ブックナビゲーター。一九七一年生まれ。慶應義塾大学環境情報学部卒業。哲学、科学、芸術など幅広い分野で活躍している。東京ネットウエイブ非常勤講師、「哲学の劇場」主宰。著書に『コンピュータのひみつ』『心脳問題』（吉川浩満との共著）『問題がモンダイなのだ』（同前）、訳書にサレン、ジマーマン『ルールズ・オブ・プレイ』など。

およそ学芸と名のつくものに関わりだすと、そこには、聖書へとつながる無数の入り口があることが見えてくる。聖書の文化圏から生まれた文学も、哲学も、美術も、音楽も、建築も、映画も、歴史を辿ればどこかで聖書につながっている。それればかりではない。キリシタン伝来、あるいは明治以来、欧米文化の成果を翻訳移入する中で、日本語もまた、幾重にも聖書とのつながりを持ってきた。

聖書はそれ自体がこのうえなく面白い書物だが、ここでは聖書を立体的に読む、ということをおすすめしたい。

まず聖書を一冊ということであれば、『新共同訳聖書／旧約聖書続編つき』(日本聖書協会)を。コンパクトな上に、この版には次に述べる旧約の外典も収録されている。この他にも各種翻訳があるので、比較してみるとよいだろう。

次に聖書の隣に何冊かの本を置いてみよう。『旧約聖書外典』(上下巻、関根正雄編)『新約聖書外典』(荒井献編、以上講談社文芸文庫)を並べた途端、そこに正典と外典の境界線が見えてくる。そもそも聖書とは、複数の文書が一冊の書物として編み合わされたものだ。その編集の過程で、「正典」が選ばれると同時に選外に置かれた「外典」が生まれた。中にはユダヤ教では正典から除外されながらも、カトリックによって第二正典とみなされた文書もある。

そうかと思えば、これまで行方が知れなかった文書が新たに発見されたりもする。近年、「ユダの福音書」が、私たちの耳目を惹いたことは記憶に新しい。その発見の過程は、ハーバート・クロスニー『ユダの福音書を追え』（日経ナショナル ジオグラフィック社）に詳しいが、そうしたことはこれまでにも何度かあった。

たとえば、一九四五年にはエジプトのナグ・ハマディ付近で「ナグ・ハマディ文書」が、一九四七年には死海近くの洞窟から「死海文書」が発見されている。これらの文書には、現行の聖書にはないものや、異端視された文書が含まれており、その解釈を巡って様々な論争が巻き起こった。『ナグ・ハマディ文書』（全四巻、荒井献、大貫隆責任編集、岩波書店）や、『死海文書――テキストの翻訳と解説』（日本聖書学研究所編、山本書店、部分訳）で翻訳を読める。ただし、この手の本についてはいい加減な解説書も少なくない。なるべく原典に近いものを自分の目で読み、信頼できる書物を探すとよいだろう。エレーヌ・ペイゲルス『ナグ・ハマディ写本――初期キリスト教の正統と異端』（荒井献、湯本和子訳、白水社）やエドワード・M・クック『死海写本の謎を解く』（太田修司、湯川郁子訳、土岐健治監訳、教文館）は、手がかりとして好適な本。

さて、歴史上、聖書ほどよく読まれ、議論の的になってきた書物もそう多くはない。それもそのはず、聖書には、必ずしも「なるほどね」とすんなり飲み込めることが書いてあるわけではない。時代や場所が遠くかけ離れた現代日本の私たちが読めばなおのことだが、そもそも西欧文化の中心には、常に「聖書をいかに読むか」という問題があり続けてきたのだ。その最たる証拠が『中世思想原典集成』（全二〇巻＋別巻一、上智大学中世思想研究所編訳・監修、平凡社）である。

堂々たる一大叢書なので、つい気圧されてしまうけれど、そのつもりで繙くとこんなに面白い本もない。ここには、キリスト教の活動が始まった一世紀頃の初期ギリシア教父から、近世スコラ学の時代までの各種文書が翻訳されている。中には聖書の読み方を論じた文書もある。そうした護教書では、聖書の内容に疑問を懐いたり、異論を唱える人に対して、懇切丁寧に「正しい」読み方を教えるという形が採られている。このため読者は、自分と同じ疑問やそれについての解釈をそこかしこに見出せるだろう。

ユダヤ教に関しては、ユリウス・グットマン『ユダヤ哲学——聖書時代からフランツ・ローゼンツヴァイクに至る』（合田正人訳、みすず書房）を、聖書解釈の歴史については、ヤロスラフ・ペリカン『聖書は誰のものか？——聖書とその解釈の歴史』（佐柳文男訳、教文館）を、概観を得るのに便利な書物として挙げておきたい。

聖書は美術とも浅からぬ関係を持っている。西欧美術の歴史を眺めると、天地創造、ノアの方舟、バベルの塔、受胎告知、磔刑、黙示録など、聖書の様々なエピソードが、モチーフの大きな部分を占めていることに気づく。美術作品もまた一種の聖書解釈であり、聖書を読む楽しみに奥行きを与えてくれる。

この分野にも膨大な蓄積があるが、ここでは秦剛平『美術で読み解く旧約聖書の真実』『美術で読み解く新約聖書の真実』（以上ちくま学芸文庫）を挙げておこう。講義のようなスタイルで、読者に次々と問いを投げかけながら、聖書にまつわる絵画を読み解いてゆく本だ。巻末にはインターネットで絵画を探す方法の指南もついている。

また、一三世紀のドミニコ会士ヤコブスがまとめたキリスト教の聖人伝説『黄金伝説』（全四巻、前田敬作、今村孝訳、平凡社ライブラリー）も、西欧美術の鑑賞に不可欠の一冊。というのも、しばしば画題に選ばれる聖人たちの逸話が満載だからである。

他方で聖書には、様々な楽器や歌が登場する。わけても旧約の「詩篇」は、古来多くの作曲家たちにとって創造の源泉となってきた。寺本まり子『詩篇の音楽――旧約聖書から生まれた音楽』（音楽之友社）は、ルネサンスから現代に至る「詩篇」の音楽を通覧する書物だ。スペインの演奏家ジョルディ・サバールが、聖地エルサレムに響いていたであろう音楽や歌を、CDとブックレットで構成した『JERUSALEM』（ALIA VOX AVSA9863）も、この際にぜひ聴いておきたいところ。

また、金澤正剛『キリスト教音楽の歴史――初代教会からJ・S・バッハまで』（日本キリスト教団出版局）は、初期キリスト教会の音楽から日本でもお馴染みのグレゴリオ聖歌、教会音楽家として多種多様な作曲をしたJ・S・バッハまでの教会音楽の流れを綜覧させてくれる。

聖書が日本語にもたらした影響はけっして小さなものではない。「天国」「楽園」「神」「愛」といった語や、「目からウロコ」といった表現まで、聖書に由来したり、翻訳を通じて鍛えられた語を、私たちはそれと意識せずに使っている。海老澤有道『日本の聖書――聖書和訳の歴史』（講談社学術文庫）は、ザビエル来日以来、明治・大正に至る聖書翻訳の歴史を整理した労作で、先人たちの苦労が偲ばれる。

こうしている現在も、世界では聖書をどう読むかということが、社会的・政治的な争点であり続けている。「エコノミスト」誌の記者ジョン・ミクルスウェイトとエイドリアン・ウールドリッジの共著『God Is Back』(The Penguin Press) は、聖書の現在を知る上で重要な視点を与えてくれる。未邦訳ながら挙げておきたい。

【聖書を読むための20冊】

――『書物としての新約聖書』（田川建三、勁草書房）

新約聖書とはいったいどんな書物なのか。一見シンプルな問いだが、実は問えば問うほどよく分からなくなる。そもそも新約聖書とは、いつ誰がどんな言語で書き、編集し、名付けていまのような姿になったのか。そこにはどんな意図があったのか。この基本的な問いに答えてくれる必読の書。

――『ユダヤ古代誌』（フラウィウス・ヨセフス、秦剛平訳、ちくま学芸文庫〔全六巻〕）

なにしろ聖書の舞台は古代ユダヤのいわば異世界である。その文化や社会を知るにはどうしたらよいか。紀元一世紀頃の歴史家ヨセフスが書いたこの本は、ヨーロッパでも聖書の注解書として広く読まれてきたという。私たちにとっても格好の手引き書だが、それ以前に読み物としても面白い。

――『GOD　神の伝記』（ジャック・マイルズ、秦剛平訳、青土社）

本書の試みはとても刺激的だ。なにしろ神の伝記を書こうというのだから。聖書に描かれる神は、不変で一貫した存在なのか。例えば、世界を創造しておきながら、人間をつくったことを後悔し、破壊する神は、きまぐれにも見える。著者は、そんな神を小説の登場人物のように分析してみせる。

――『聖書の謎百科』（荒地出版社編、荒地出版社）

書物をよりよく読もうと思ったら問いを念頭に置くとよい。この本は、「なぜモーセが預言者に選ばれたのか？」といった問題を導きの糸として、十七人の著者が聖書を様々な角度から読み解いて見せてくれる入門書だ。聖書に赴く前に概観や背景知識を得るためのガイドブックとしても便利。

――『原典　ユダの福音書』（カッセル、マイヤー他編著、高原栄監修、日経ナショナル ジオグラフィック社）

一九七〇年代半ば、エジプトの砂漠からパピルス写本が発見された。状態の悪い写本を復元すると、そこに現れたのは千六百年以上も行方知れずになっていた「ユダの福音書」の断章だった。イエスを売った弟子として悪名高いユダだが、この福音書に見える姿は従来のイメージを大きく塗り替える。

――『発掘された聖書　最新の考古学が明かす聖書の真実』（フィンケルシュタイン、シルバーマン、越後屋朗訳、教文館）

聖書に書かれたことは、どこまでが史実なのか。この魅力的な問題を解く手がかりは、書物の読解だけでなく、考古学や歴史の方面からも得られる。考古学から古代イスラエル史の再構築を目論む著者は、発掘調査の出土品と聖書の記述を突き合わせて、聖書の問題点を浮き彫りにしている。

――『聖書の日本語　翻訳の歴史』（鈴木範久、岩波書店）

日本での聖書の翻訳は、キリシタンが到来した戦国の世に遡る。以来現在に至るまで、翻訳の試みは様々に続けられ、日本語の語彙や表現に少なからぬ影響を及ぼしてきた。

そうした翻訳の苦闘の歴史や文人への影響を追跡した本書は、聖書理解だけでなく、日本語理解にも大いに資するはず。

――『死海写本　発見と論争　1947-1969』（エドマンド・ウィルスン、桂田重利訳、みすず書房）

後に「死海写本」と呼ばれる文書が死海西岸の洞窟から発見されたのは一九四七年のこと。この発見は、従来の聖書理解を揺るがしかねないものとして、研究者や知識人に論争を巻き起こした。本書は、文学者であるウィルスンが、その経緯と問題点を一般読者に向けて説いた得難いドキュメントだ。

――『捏造された聖書』（バート・D・アーマン、松田和也訳、柏書房）

印刷発明以前、書物は手で書き写されていた。その過程では、書き間違いや意図的な改竄も生じる。聖書も例外ではない。新約聖書は、度重なる筆写によってどのように変化してきたか。本文批評という学問手法でその変遷を追跡する本書から、聖書を改変した人々の思惑が垣間見えてくる。

――『アジモフ博士の聖書を科学する』(アイザック・アジモフ、喜多元子訳、社会思想社)

古来、学問と宗教は、真理をめぐって熾烈な争いを繰り広げてきた。現代では、この宇宙や世界に関する知識を探究するのは、もっぱら科学の仕事だ。では、その科学者が聖書を読むとどうなるか。本書は、アジモフが「創世記」を科学の知見と照らしながら読んでゆく科学的注釈版である。

――『聖書時代史　旧約篇』(山我哲雄、岩波現代文庫)

旧約聖書は、古代イスラエルの歴史を中心とする書物だ。だが、厄介なことに、書かれているのは「起こったと信じられている出来事」である。本書は、現代に至る歴史学や考古学の成果を踏まえて、そうした「信じられた歴史」の背後にあったはずの文化や社会とその歴史に迫ろうとする。

――『聖書時代史　新約篇』(佐藤研、岩波現代文庫)

新約篇では、イエスの生と死から、キリスト教が成立し、ローマ帝国下で伝播を始めるまでの、いわゆるキリスト教最初期の歴史と社会が描かれる。聖書をより広い文脈において捉える上で役立つコンパクトな一冊。旧版の読者のために言い添えると、この文庫版は大幅に改訂されている。

――『私の旧約聖書』（色川武大、中公文庫）

自分たちより大きなものに向き合うとき、人は謙虚になり自己中心を脱することができる。若い時分、旧約聖書に描き出された人間の叡智に、底知れぬ怖れを感じたという著者が、旧約聖書という大きなものとのキャッチボールから、人間社会の悲喜交々を浮かび上がらせる。軽妙で深い逸品。

――『私の聖書』（小川国夫、岩波書店）

この本の最も興味深い点は、作家であり、新共同訳の訳文検討にも加わった著者の、「文学」として聖書を読むという態度だ。読者は文章を材料としてイエスの印象を懐く。だからこそ、平易で現代的な表現であるだけでなく、読み手を触発する文体でなければならないという指摘は、とても示唆的である。

――『死海のほとり』（遠藤周作、新潮文庫）

時間も空間も遥かに隔たった古代イスラエルに生まれた宗教を、現代の日本に生きる人が信仰するとは、どういうことなのか。自身キリスト者だった作家は、エルサレムを巡礼する現代の「私」の物語とイエスの物語とを、響き合う二つの旋律のように縒り合わせ、この問いを読者に手渡す。

――『マチウ書試論／転向論』（吉本隆明、講談社文芸文庫）

著者はこの論考で、マタイ（マチウ）の福音書を、イエスの物語という次元を超えて読み抜こうとする。ここに現れるのは、生を抑圧する既成秩序に対して反逆する原始キリスト教の姿だ。同時にこれは、聖書を鏡として、戦中戦後の日本における秩序と個人の関係を映し出す試みでもあった。

――『私にとって聖書とは』（ハンス・ユルゲン・シュルツ編、田口義弘他訳、教文館）

本書は、ヴァイツゼッカー、フロム、ブロッホ、ジャン・アメリー、ショーレムといった二十世紀を代表する知識人たちが、それぞれの聖書体験を語ったドイツのラジオ番組に基づくものだ。この「書物の中の書物」が、対話者次第でどれほど多様な表情を見せるかを示してくれる好著。

――『ヨブへの答え』（C・G・ユング、林道義訳、みすず書房）

「ヨブ記」は、神の許可のもとでサタンが行い正しいヨブに数々の苦悩を与える物語だ。心理学者ユングは、この不条理劇に着目して、あたかも神を一個の人格であるかのようにその「暗黒面」を読み解いてゆく。私たちは神や、神を巡る心理について、何をどのように理解できるのだろうか。

――『歯車／至福千年』（堀田善衞、講談社文芸文庫）

堀田善衞はしばしば乱世にまなざしを注いだ。「至福千年」では、「黙示録」への違和を糸口として、そこに示される千年王国待望論が、歴史の中で様々に変奏される様を追う。十字軍の血腥い遠征で終わるこの作品を読むと、聖書を読む目も、歴史を見る目も、自ずと複雑になるに違いない。

——『日本の名随筆別巻100　聖書』（田川建三編、作品社）

北村透谷、与謝野晶子、内村鑑三、芥川龍之介、矢内原忠雄、林達夫、石原吉郎をはじめ、明治この方の宗教家、文学者、思想家たち三十一名による聖書にまつわる文章を集めたアンソロジー。解説の田川氏が指摘するように、論者の聖書理解の深浅が隠れようもなく顕わになる点も読み所だ。

本書は、季刊誌「考える人」（二〇一〇年春号）特集「はじめて読む聖書」を再編集、改稿したものです。

田川建三　1935（昭和10）年生まれ。
新約聖書学者。著書に『イエスという男』『キリスト教思想への招待』など。新約聖書の個人全訳『新約聖書　訳と註』全八冊を刊行中。

Ⓢ新潮新書

582

はじめて読《よ》む聖書《せいしょ》

著　者　田川建三《たがわけんぞう》ほか

2014年8月20日　発行

発行者　佐藤隆信

発行所　株式会社新潮社

〒162-8711　東京都新宿区矢来町71番地
編集部(03)3266-5430　読者係(03)3266-5111
http://www.shinchosha.co.jp

印刷所　大日本印刷株式会社

製本所　加藤製本株式会社

ISBN978-4-10-610582-1　C0216

価格はカバーに表示してあります。